戦国大名と分国法

清水克行
Katsuyuki Shimizu

Eurus
Notus
Boreas
Zephyrus

岩波新書
1729

JN159027

はじめに――分国法の世界へ

分国法への招待

血で血を洗う戦国乱世、権謀術数の限りを尽くして鎬《しのぎ》を削る、個性きわだつ大名たち――。歴史ファンのなかには、そんな戦国大名たちの姿にロマンを感じ、憧れを抱く人も少なくないだろう。また書店には、そうした歴史ファンの興味関心に応えるような、戦国大名関連の本や雑誌も数多く並んでいる。

ところが、一方でそんな大名たちが自身の領国のなかだけで通用する「分国法《ぶんこくほう》」と呼ばれる法典を作っていたという事実は、案外、知られていないようだ。高等学校の日本史教科書などには「分国法」という歴史用語はかろうじて載せられていて、いくつかの代表的な分国法の名前も紹介されてはいる。だが、その中身に踏み込んで詳細を語れるという人は、よほどの歴史好きでもまずいないだろう。数多《あまた》ある一般向けの歴史書のなかでも、分国法だけを詳しく解説した本などは、まだ見たことがない。戦国大名については、虚実ないまぜのゴシップめいた話から、かなり専門性の高い議論まで、様々なレベルの情報が巷《ちまた》に氾濫している現状を考えると、分国法への関心の低さはちょっと意外な感すらある。

そこで本書では、大名たちが定めた分国法の内容を細かく読み解くことで、大名たちの実像に迫ってみたい。彼らはどのような歴史的課題に直面していて、どのように苦悩し、いったいどのような対策を講じていたか。そうした問題を分国法を材料にして考えてみよう。

とはいえ「法典」や「法律」と聞くと、難しいわりに無味乾燥な世界をイメージしてしまい敬遠する読者もいるかもしれない。しかし、どうかご心配なく。彼らの定めた分国法の中身は、現在の私たちが想像するような「法律」のイメージとは違って、驚くほど人間臭く、「支配する側」と「支配される側」の緊張関係や機微が活き活きと映し出されているのだ。

大名はつらいよ

そもそも、武田《たけだ》信玄《しんげん》と上杉《うえすぎ》謙信《けんしん》の「一騎打ち」とか、毛利《もうり》元就《もとなり》の「三本の矢」とか、北条《ほうじょう》早雲《そううん》が元「流れ者の素浪人」だったとか、世間一般に流通している戦国大名のキャラクターを語る逸話の多くが、後世の創作であったことは、近年ではよく知られるようになっている。ところが、そうした怪しげな情報を慎重に排除していくと、じつは戦国大名の素顔を知ることのできる情報というのは意外に多くはないのである。それでも、たとえば毛利元就や伊達政宗《だてまさむね》のように、異常に筆まめで多くの私信を残している大名などは、それらをもとにある程度、人物像を類推することもできる。しかし、それ以外の圧倒的多数の大名たちは残されている古文書も行政的な指令を伝えるものであったり、政治的な特権を認可するものであったりして、そこから彼らの肉声を聞き取ること自体、容易なことではない。

そんななか、おそらく彼らが独り夜中の書斎で頭をひねったり、ブレーンの家臣たちと討議を重ね、苦心のすえに編んだであろう分国法には、その深い苦悩や、歪んだ自尊心や、愛らしいいい加減さがしっかりと刻み込まれている。戦国大名の人物像を考えようというとき、おそらく分国法は最も良質な素材と言っていいだろう。読者諸氏は、そんな分国法の一条一条を読むことで、これまでの戦国大名のイメージとはかなり異なるイメージをもつのではないかと思う。

たとえば、戦国大名ファンというと、ひと昔前までは企業経営者やサラリーマンが中心だった。彼らは自身の経営や人材管理のお手本として、大名の戦略や政略を学び、そこから帝王学や教訓を導き出そうという姿勢で大名たちの軌跡と向き合ってきた。しかし、彼らが崇拝するような、対外戦争や領民支配にリーダーシップを発揮して自立の道を突き進んでいく雄々しい戦国大名というイメージは、分国法を読むかぎり、残念ながら一面的なものと言わざるをえない。分国法からうかがえる戦国大名は、会議のときの家臣たちの大人げない席順争いから、町の「落とし物」の処遇まで、現代の私たちからは想像もつかないような猥雑《わいざつ》で奇妙な事柄に頭を痛めている。また、彼らの前に立ちはだかる当時の社会の〝常識〟も、一筋縄ではいかないものばかりだった。だから、きっと読者は分国法から大名を眺めることで、こんな些末なことにまで大名は気をつかわねばならなかったのか、大名も楽じゃないんだな、という感想を抱くのではないだろうか。

そのうえで読者に、そうした大名たちを悩ませた当時の中世社会のありようや、民衆生活の習俗などについてまで、さらに興味をもってもらえたなら、著者としては、これ以上嬉しいことはない。小説やドラマなどで少々美化され過ぎのきらいがある「戦国大名」をもっと等身大の姿に引き戻して、できれば多くの人々の関心を「戦国大名」ではなく、もっと広い「戦国社会」のほうにまで向かわせようというのが、何を隠そう、本書の究極の狙いなのである。

分国法の基礎知識

では、本題に入る前に、ここで分国法についての基本的な事柄を解説しておこう。戦国大名

表1　主な分国法一覧

本拠地	大　名	法典名	条文数	制定年
陸奥	伊達稙宗	塵芥集	171	1536
下総	結城政勝	結城氏新法度	104	1556
甲斐	武田晴信	甲州法度之次第	26・55	1547・54
伊豆	伊勢宗瑞（北条早雲）	早雲寺殿二十一箇条＊	21	16世紀初め
駿河	今川氏親・義元	今川かな目録・追加	33・21	1526・53
越前	朝倉孝景	朝倉孝景条々＊	17	1471〜81
近江	六角承禎・義治	六角氏式目	67	1567
阿波	三好長治	新加制式	22	1562〜73
土佐	長宗我部元親	長宗我部氏掟書	100	1596
周防	大内氏	大内氏掟書	181	1495頃
肥後	相良為続・長毎・晴広	相良氏法度	41	1493〜1555

が定めた分国法で、現在伝わっている主なものを日本列島を東から西へ列挙すると、およそ表1のようになる(各条文数については数え方によって異なるため、とりあえずの目安として理解されたい)。

このうち、土佐の「長宗我部《ちょうそかべ》氏掟書《しおきてがき》」は、戦国時代というよりも下って豊臣政権期に制定されたものであるため、厳密な意味での戦国大名の分国法の範疇《はんちゅう》には入れない場合がある。また、＊を付けた伊豆北条氏の「早雲寺殿《そううんじどの》二十一箇条」や、越前朝倉《あさくら》氏の「朝倉孝景《たかかげ》条々」(「朝倉敏景《としかげ》十七箇条」ともいう)は、分国法というよりも、子孫に対して生活規範を書き残した「家訓」というべき内容であるため、厳密な意味での分国法には数えないことが多い。本書でも、これらについては他のものと少々性格が異なるので、今回の検討からは外すことにした。このほか「大友義長《おおどもよしなが》条々」や「吉川《きっかわ》氏法度《はっと》」などをこれに含める場合もある。

これらの分国法は、日本史教科書などでは、それぞれの名称程度はかならず紹介されている。また、内容については、家臣団統制のために「喧嘩両成敗法《けんかりょうせいばい》」や「私縁・私婚の禁止」「縁《えん》座《ざ》・連座《れんざ》制」「家臣の城下町集住」などが規定されている、といったことが紹介されるのが一般的である。ただ、実際の分国法の内容は、以下に見ていくように、もっと多岐にわたっており、教科書で紹介されるような規定はほんの一部に過ぎない。また、そこに規定された事柄がすべて実現されたと考えると、それはまた時代のイメージを見誤ってしまうことにもなりかねない。以下、それら有名な規定についても、もちろん本文中で適宜言及することになるが、とりあえず本書を読むうえでは教科書的な知識はとくに必要とはしないので、どうぞ気楽に読み進めてほしい。

なお、分国法の原文はいずれも和風漢文や仮名書きの古文体で書かれているが、本書では読みやすさを考え、引用する場合はすべて平易な現代語に訳すことにした。そのさい文意を明瞭にするため、一部に省略や補足、意訳を行った箇所があることをあらかじめお断りしておく。もし原典を確認したい、さらに深く学びたいという読者は、すべての分国法を網羅した佐藤進一・池内義資《よしすけ》・百瀬今朝雄《ももせけさお》編『中世法制史料集　武家家法Ⅰ』(岩波書店、一九六五年)や、詳細な注釈をつけた石井進・石母田正《いしもだしょう》・笠松宏至《ひろし》・勝俣鎮夫《しずお》・佐藤進一編『日本思想大系　中世政治社会思想　上』(岩波書店、一九七二年)をご参照いただきたい。また、現代語訳ですべての分国法を読んでみたいという読者には、さしあたり『クロニック戦国全史』(講談社、一九九五年)に付録として、多くの分国法の現代語訳が収められている(ただし、この本にはときおり誤訳も見られるので注意が必要である)。

もちろん本書の限られた紙面では、すべての分国法を紹介することはできない。以下、結城《ゆうき》、伊達、六角《ろっかく》、今川《いまがわ》、武田の五家に絞って、一章ずつ順にその内容を見ていくことにしよう。では、「法」の織りなすドラマの数々、たっぷりとご堪能いただきたい。

目　次

第一章　結城政勝と「結城氏新法度」

―大名と家臣たち―

乱世の子

まずは、あまり知名度の高くない大名で恐縮だが、下総国《しもうさのくに》結城（現在の茨城県結城市）の戦国大名結城氏の分国法「結城氏新法度」を見てみることにしよう。結城氏は鎌倉時代から御家人《ごけにん》としてこの地方に勢力を張っていた名族《めいぞく》だが、南北朝時代に一族が南・北両朝についたことで分裂。また、結城合戦（一四四〇～四一）では室町幕府の軍を向こうにまわして鎌倉公方《くぼう》の遺児を擁して戦ったため、大きく勢力を削がれ、戦国時代には鬼怒川《きぬがわ》流域の下総国結城郡上方（現在の結城市北部・栃木県小山《おやま》市北東部）、南北一五キロ・東西一〇キロ程度の土地を領有するに過ぎない小大名となっていた。動員兵力も、せいぜい二〇〇〇人。本書で扱う戦国大名としては、最も小規模な大名ということになるだろう。

本章の主人公となるのは、その結城氏の一六代当主、結城政勝《まさかつ》（一五〇三～五九）。世代的には毛利元就や大内義隆、織田信長の父信秀などとほぼ同世代にあたる人物である。

結城家に伝わる記録によれば、彼は大永《だいえい》七年（一五二七）に父政朝《まさとも》の跡を継いで二五歳で結城家の当主となったとされている。ところが、彼の履歴については、一つ不可解な点がある。同時代の古文書で追うかぎり、実際の当主としての政勝の活動は、それより一〇年以上後の天文《てんぶん》八年(一五三九)頃になってからしか確認できないのだ。しかも残された古文書を見てみると、その空白期に、実際には結城家には「政直《まさなお》」という名の当主がいて、家政を握っていたと見られる。さらに言えば、結城家嫡男《ちゃくなん》の仮名《けみょう》(通称)は代々「七郎」なのだが、政勝の仮名は「三郎」。それらのことから考えて、どうも政勝はもともと父政朝の嫡男ではなく、本来は結城家には政直なる嫡男がいて、一度は(おそらく兄にあたるのであろう)政直が家督の座につき、政勝はその後に跡を継いで当主となったようなのである。

その背景に、いったい何があったのかはわからない。兄の不慮の死により弟が家督を継ぐということ自体は、戦国時代に限らず珍しい話ではない。しかし、それならそうと記せばよいものを、政勝が後に原案を作成した結城家の記録などでは、政直の存在が完全に抹消されており、政勝は父政朝からストレートに家督継承を受けたと平然と記されている。これはあまりに不審であり、逆に政勝の家督継承の経緯に、なにか後ろめたい出来事があったことを疑わせる。常識的に考えれば、この時代の大名の多くがそうであったように、政勝もおそらく平和裏に家督を継承したわけではなく、兄政直との「骨肉の争い」に勝利して家督の座を手にし、後世、その血塗られた過去を隠滅するべく記録の改竄《かいざん》を行った、と考えるのが妥当だろう(市村高男氏の研究による)。

結城政勝――。本書に登場する大名のなかでは最もマイナーな人物ではあるが、彼もやはり乱世の子であり、小なりとはいえ、不敵な相貌をもつ大名だったのだ。

「新法度」制定の背景

ところが、彼の人生は苦渋に満ちたものだった。結城家〝中興の祖〟と言われる父政朝の死後、結城家の周囲には、東に佐竹《さたけ》氏、北に宇都宮《うつのみや》氏、南に小田《おだ》氏といった勢力が盤踞《ばんきょ》しており、結城家は安息できる環境にはなかった。わずかに政朝のときに政勝の弟、高朝《たかとも》を養子に送り込み、近接する小山《おやま》氏を味方につけており、近隣の小領主である下館《しもだて》の水谷《みずのや》氏、下妻《しもつま》の多賀谷《たがや》氏、綾戸《あやと》の山川《やまかわ》氏の三氏を従えていた。しかし、彼らと結城氏の関係は主従関係というほどの拘束力はなく、しいて言えば、結城家を盟主とする同盟連合といった関係に過ぎなかった。

しかも政勝には、明朝《あきとも》という一人息子がいたが、この明朝は天文一七年(一五四八)三月に疱《ほう》瘡《そう》(天然痘《てんねんとう》)を患い、早世してしまっている。仕方なく政勝は弟で小山家を継いだ高朝の子、晴《はる》朝《とも》を養子に迎えるが、一人息子を失った衝撃は大きかったらしく、このとき政勝は髪の毛を残したまま出家し、有髪の僧となってしまう。以来、政勝は家中の運営のかたわら、仏道や絵画に専心する生活を送ることになる。現在も結城市近域には、政勝が創建あるいは復興したと伝わる寺院（安穏《あんのん》寺・乗国《じょうこく》寺・孝顕《こうけん》寺・慈眼《じげん》院など）や、政勝の念持仏《ねんじぶつ》（万福《まんぷく》寺釈迦《しゃか》堂所蔵）、政勝の袈裟《けさ》姿の肖像（乗国寺・華蔵《けぞう》寺御影《みえい》堂・大雲《だいうん》寺など所蔵）が多く残されている（図１）。「新法度」のなかでも、政勝はみずからの性格を「流行している物見遊山や宴会なども好まない性格」と述べている［前文］。彼はもともと豪放磊落《ごうほうらいらく》な猪武者というよりは、どちらかというと神経質で文人肌の人物だったようだ。その性向が一人息子を亡くしたことで、晩年により強まり、一気に信仰への傾斜を見せたらしい。これ以後、生涯、政勝は一切女人を近づけなかったとも伝えられている。

図１　結城政勝画像（東京大学史料編纂所所蔵模写）

ところが弘治《こうじ》二年（一五五六）、五四歳になった政勝は、南関東に勢力を拡大していた北条氏康《うじやす》と手を結ぶという賭けに出る。この年に政勝が交わした書状のなかには、彼が病身であったことを示す記述が見える。この頃から自身の健康にも翳《かげ》りが見えはじめたのに焦った政勝は、ここで積年の課題の解決に乗り出したのかもしれない。北条軍の支援をうけた政勝は、同年四月、小田氏治《うじはる》の小田城を攻め落とすことに成功し、目論見どおり一気に最大版図を手に入れることになる(海老島《えびがしま》合戦)。

しかし、しょせん北条軍の力を借りた威勢が長く続くわけもなかった。北条軍が撤退するや、すぐに形勢は逆転する。わずか四カ月後の八月には、小田氏治に小田城を呆気なく奪還され、富谷《とみや》・海老島・大島などを除く旧小田領は再び政勝の手を離れてしまう。最晩年の政勝の賭けは、失敗に終わったことになる。

「新法度」がまとめられたのは、その直後の一一月二五日のことだった。「新法度」のなかにも「退却のときにあえて一人踏みとどまったり、進撃のときに一人で飛び出すような者は、誰であっても捨て置くことにする。……そういう者に限って、いざ強敵に出くわすと逃げ出すものだ。去る夏の一戦でも記憶のあるところである」[70]という記述が見える([　]内の数字は条文番号。以下同じ)。政勝にとって、この「去る夏の一戦」はよほど手痛い敗戦だったのだろう。また「新法度」には「不養生が続き、命の縮む思いである」[前文]という健康不安を吐露する記述も見える。勢力拡大に失敗し、自身の体調不良が進行していくなか、政勝は分国法を制定することで、家中の立て直しを図ろうとしたのである。

奇妙な法律

ところが、結城政勝が作った「新法度」は、他に類を見ない不思議なスタイルをもった分国法だった。たとえば、次の一条を読んでもらいたい。

［61］大して多くもない同僚たちの間柄を見てみると、いずれも縁者親類のあいだで、自分に正当性があるとしても、たがいに罵《ののし》り合いをして騒ぎにおよぶのは、まったく見苦しい振る舞いである。ところが、さっきまで刀を突きたてていがみ合っていたかと思えば、今度は寄り添って飯椀に酒を差し合うようなことは、まったくバカげたことである。とにかく些細なことに腹は立てず、親類だとしても丁寧に筋道を立てて説明するべきである。まったく雑言まじりの騒ぎは、見たくもないことである。

当時、結城家の家中では、親類同士の親しさが嵩《こう》じて、よくつまらないことで諍《いさか》い事が起きていたらしい。ところが、もともとが親しい者同士なのだから、仲直りも早いもので、さっきまで刀を突きたてる騒ぎを起こしていたかと思えば、その同じ二人が次には仲良くご飯茶椀で酒を酌み交わしているという光景もしばしば見られた。そんなことならわざわざ目くじらを立てず、放っておけばよさそうなものだが、政勝にはどうにもそれが我慢ならなかったようだ。このレベルの些細な事柄を採り上げて、いちいち法律で規制しようとしたのである。この必要以上の事柄まで採り上げて法規制しようとする些末さは、この条に限らず、「新法度」全編を貫く特徴と言える。

しかも、読んでわかるとおり、「新法度」の文章は、法律としてはきわめて冗長であり、そのために結果的に政勝が何をしたいのかが不明確であったり、非論理的になってしまっている箇所が多い。たとえば、さきの条文について言えば「さっきまで刀を突きたてていがみ合っていたかと思えば、今度は寄り添って飯椀に酒を差し合う」といった描写は、戦国武士の気質を物語っていて面白いものだが、法律としてはそもそも不必要な記述である。また、末尾の「まったく雑言まじりの騒ぎは、見たくもないことである」にいたっては、ほとんど政勝個人の「感想」であり、法律のなかにこんな一文が入り込んでよいはずがない。このほかにも法文のなかに唐突に「あまりに細かなことを書き載せていると、みなは思われるだろう」[62]とか、「こんなことを法度に書き載せるのはどうかと思うけれど、あえて書き載せるのだ」[94]や、「(こんなことが起こるのは)末世だからだろうか。それとも当家に悪逆人が下々まで揃ってしまっているからだろうか」[95]といった政勝の皮肉とも当てこすりともとれる卑屈な独白が顔を出すのも珍しくはない。そのため、研究者のあいだでは「新法度」は「法令ではなく、制定者結城政勝個人から家臣個々に充てられた書状」であるとすら評されている（笠松宏至氏の研究による）。たしかに法律というよりは、政勝個人の愚痴や恫喝を感情のままに書き綴った手紙、と言ったほうが、よほど「新法度」の実態をよく表わしているだろう。

羅列された条文

そんな具合だから、「新法度」の全一〇四条と追加二条の内容構成は、よく言えばきわめて自由闊達《かったつ》、悪く言えば無分別で非論理的なものとなっている。以下、ためしにその大づかみな内容構成を示そう。

1条　博奕《ばくち》
2条　人身売買
3〜7条　喧嘩
8〜10条　盗み
11〜13条　証拠
14・15条　下人《げにん》
16条　追剝ぎ
17・18条　市町仏神事
19条　不当な訴え
20条　不法侵入
21〜28条　結城氏への反抗
29条　内済《ないさい》の案件
30条　寺院
31条　指南との関係
32〜34条　都市政策

35・36条　質取《しちとり》
37・38条　殺人
39〜46条　貸借・売買
47条　誘拐
48条　共犯
49・50条　訴訟
51〜53条　親子関係
54・55条　馬
56条　放火
57条　養子縁組
58〜60条　所領関係
61〜65条　人間関係・マナー
66〜71条　戦争
72条　報告
73〜76条　領内物資輸送
（分類不可能）
85・86条　領内物資輸送
（分類不可能）
91・92条　度量衡
（分類不可能）
101・102条　年貢収納法
（以下、分類不可能）

ご覧のとおり、きわめて雑多な内容が未整理のまま放り込まれているという印象である。冒頭の喧嘩（3〜7条）→盗み（8〜10条）→証拠（11〜13条）や、都市政策（32〜34条）→質取（35・36条）のあたりは、どうにか意味のある連関を示しているようにも思えるが、基本的には記載の順序に系統性を見出すのは難しい。それでも76条ぐらいまではどうにか目的別のまとまりを読み取ることもできるが、77条以降になると、それすらも難しくなり、分類不可能となる。ほとんど思いつきで些末な事柄が書き上げられているという印象しかない。

さらに言えば、19条の不当な訴えに関する規定などは49・50条の訴訟関係全般のあたりにまとめたほうがすっきりするはずだし、3～7条の喧嘩の問題はこのあと77・80条でもう一度出てくるし、73～76条の領内物資輸送の問題はこのあと85・86条で再度言及されることになる。これらはいずれもしかるべき推敲がなされていれば避けられた事態である。こうした内容の不統一は、おそらくこの「新法度」の編纂に中世法に習熟した技術者(法曹官僚)が一人も関与していなかったことを示すものだろう。いや、それどころか「新法度」は他者の目をまったく通されることなく、ほぼ法制については素人の結城政勝の独力でまとめあげられたものだったと断言してもいいだろう。

法の未熟さ

こうしたきわめて特殊な成立事情をもったために、残念ながら「新法度」には法典としての未熟さが否めない。たとえば「新法度」のなかの処罰を意味する語句を引き出してみると、次のようになる。

「押し寄せ、こすぎ申すべく候」〔前文〕

「聞き糺《ただ》し、打ちひしぐべし」[2]
「ひと祟《たた》りなすべく候」[16]
「ひと咎《とが》め申すべく候」[32]

法である以上、処罰内容の記述は誤解のないよう明確でなければならないのは、現代も戦国時代も同じであるが、「新法度」の場合、政勝がおそらく日常、口にしていたであろう俗語をそのまま法文中に取り込んでしまっているのである。そのために処罰内容は政勝の感情の赴くまま、きわめて奔放な表現をとってしまっている。少なくとも現代に生きる私たちには「こすぐ(あるいは、こづく)」と「打ちひしぐ」、「ひと祟り」と「ひと咎め」の違いはわからないし、その内実も譴責《けんせき》処分なのか、折檻《せっかん》を指すのか、死罪を指すのか、あまりに不明確である。あるいは同時代の同地域に住んでいた人々なら、その微妙なニュアンスの違いがわかったのかもしれないが、この法を厳密に運用しようとすれば、当時でも少なからぬ混乱は避けられないだろう。

そのほかに「もっちり」[11]、「いきほして」[77]といった不思議な副詞も多用されるが、これが何を意味するのか、今となってはわからない。おそらく当時の結城地方の口語・俗語であろうと思われるが、こうした難解な表現が頻出するところが「新法度」の大きな特徴である。ただ逆に言えば、これは戦国大名がみずからの言葉で東国方言を生々しく書き記した貴重な史料ともいえるわけで、中世法としては異例ではあるが、そこが「新法度」の大きな魅力であるともいえる。

ゴリ押しする家臣たち

さて、そんな政勝が最も頭を痛めたのが、結城家の家臣たちの無軌道な言動だった。口角沫《あわ》を飛ばす猛烈な罵り合いを演じたかと思えば、すぐに肩寄せ合い仲良く酒を酌み交わす彼らの生態は、政勝にとっては理解に苦しむものであり、それを統制することが、「新法度」制定の最大の狙いであった。「新法度」の前文には、次のような一文が見える。

［前文］縁者親類の訴訟が起きると、まるでサギをカラスと言いくるめるような横車を押して、縁者親類や配下の者たちなどから頼もしがられようとしているのではないか。とても死ぬ気などないくせに、目を怒らせ、刀を突きたて、無理な言い分を押し通し、多くもない同僚のあいだで不似合いなけしからんことが行われるのは、理由があることにしても

頭の痛いことである。だからこそ、個人的にこの法度を定めるのである。おのおのよく心得ておくように。

ややや政勝の被害妄想の嫌いもなくはないが、とにかく結城家中では縁者親類の結束力が強く、同族の利害のためならば白を黒とも言いくるめ、多少道理を曲げてでも自分たちの主張を押し通そうという傾向があり、政勝はこれにほとほと頭を痛めていた。この悪しき風潮を矯正することこそが「新法度」制定の狙いであると、政勝自身が明言しているのである。

たとえば「新法度」には「他人が占有している山林や野原に忍び込んで伐採を行ったために討ち取られた下人や悴者《かせもの》(=下級の家臣)のことで抗弁をしてはならない」[9]とか、「盗みについて、はっきりと証拠があるにもかかわらず、抗弁をしたならば、その者は盗人よりも大盗人である」[11]という規定がある。私有山林への不法侵入や盗犯についての規定だが、どちらも侵入者や盗人を取り締まるのが法の主旨ではなく、それ以上に、そうした者たちへの処罰に対する抗議や減免のための嘆願を厳禁している点に特徴がある。つまり、当時の結城家中では、落ち度が明らかであるにもかかわらず、配下の者たちや近親者を救済するために法を曲げて、ゴリ押しをする家臣たちが実際に多かったのだろう。

あるいは、「他人から頼まれたからといって、無理を承知で聞き入れることや、証文や証拠がないことを(私に)上申してはならない」[19]といった条文もある。これも、明らかに不当な要求を家臣たちが聞き入れて、そのまま政勝に取り次ぐことで、結果的に要求を押し通してしまうという事態が日常的に起きていたのだろう。なかには呆れたことに、こんな条文まである。「他人から頼まれたからといって、酒に酔って私の目の前に現れて、いいかげんなことを申してはならない。よく酔いをさまして素面《しらふ》のときに参上して、何事も言上《ごんじょう》するように」[78]。いやはや、どこまで奔放な家臣たちなのだろう……。政勝は「新法度」の前文で「この五年間、一日も心休まるときが無かった」と愚痴っているが、法を遵守させようとしても、端からそれを骨抜きにしてしまう、こうした家臣たちの無軌道な言動に、さんざん手を焼いていたようだ。

炎上する喧嘩

さきほどの話のように、些細ないざこざから家臣同士が喧嘩を始めてしまうことも、当時はよくあった。いずれの分国法もそうした家中の私的な闘争の抑止に腐心することになるが、「新法度」はどうだっただろうか。以下、喧嘩に関する条文を三点抜き出してみよう。

［3］一時の喧嘩口論は、どんな状況であったとしても、縁者親類を誘い、一緒に徒党を組んだ者たちについては善悪を問題にせずに、まず徒党を組んだ者の側に処罰を下す。心得られよ。

［4］喧嘩口論、その他の訴訟に支援や加担をした者は、本人だけでなく一族までも断絶とする。心得られよ。

［5］喧嘩を売られて、誰に頼ることもなく応戦した場合は、その身一人だけを改易《かいえき》とし、その他に処罰がおよぶことはない。同輩その他の者に仲間を募るか、手をまわすかして、相手に飛びかかるような狼藉者《ろうぜきもの》は、その身は言うまでもなく、一族を改易とし、所領も屋敷もすべて奪い取り、別人に与えることとする。

「新法度」の喧嘩に関する条文のなかには、このほかに喧嘩を売られても応戦せずに結城家に訴え出ることを求める条文［6］も存在するが、見てのとおり、ほとんどの条文は喧嘩に対する処罰の量刑や善悪の判断基準ではなく、それに加勢しようとする者たちへの罰則規定に充てられている。当時の社会では、身内や同輩の結束力が強く、身内や仲間の誰かがトラブルに巻き込まれた場合、なにを差し置いても加勢に駆けつけるのが美徳と考えられていた。当然、それによって個人対個人のトラブルが集団対集団のトラブルに簡単に激化してしまうのが、この時代の厄介なところだった。政勝は一対一の喧嘩よりも集団対集団の喧嘩の罪をより重くし［3］、また加［5］、喧嘩の原因や状況を問わず、トラブルに仲間を引き入れた側の罪を重くし勢者の罪は一族レベルにまでおよばせることで［4］、そうした紛争の波及を最小限に抑え込もうとしていたのである。

犯罪が起きれば身内を庇《かば》いだてし、訴訟が起きればコネを頼って贔屓《ひいき》を画策し、喧嘩が起きれば一方の側に肩入れし、紛争を激化させてしまう。後の時代の「武士」とは異なり、当時の武士たちにはまだまだ支配階層としての倫理、公平性や自制心といったものを望むことはできなかった。むしろ自分を頼ってくる者たちのために、たとえ相手が主人だとしても身を挺して白を黒と言いくるめるぐらいの度量が必要とされたし、そうした姿勢が周囲からも頼りにされた。政勝はそうした中世武士の気質に変革を迫ろうとしていたのである。

戦場のカオス

平時がこんな具合であるから、戦時のさいの結城家中の無軌道ぶりはさらにひどいものがあった。戦場での振る舞いに関する「新法度」の規定を引用してみよう。

［67］実城《みじょう》（＝本丸）で合図のほら貝が鳴ったら、無分別にただやたらと出撃するのは、とても始末の悪いことである。ほら貝が鳴ったら、まず町に出て、一人の悴者でも下人でも実城に走らせ、どこへ出撃するのか問い合わせてから出撃せよ。

［68］どんなに急な事態であったとしても、鎧《よろい》を身につけずに出撃してはならない。機敏なさまを見せようと、一騎駆けで出撃してはならない。全軍が揃うのを待って出撃せよ。

［69］命じられてもいないのに偵察に出かけるというのは、まるで他人事《ひとごと》のような振る舞いだな。


有事のさいに、めいめいが敵もわからぬまま、武装もせずに勝手に出撃してしまうというのは、ほとんど戦闘以前の問題だろう。これでは組織的な戦闘が行えるはずもない。しかし、それでも命を惜しんで出撃をサボタージュしてしまうよりはマシだと考えることもできるだろう。合戦と聞くと大名の指示も聞かずに目の色を変えて出撃する武将たちというのは、一見すると、頼もしくすらある。

しかし、実際に彼らを突き動かしていた衝動は、また別の性格のものだった。ここは政勝自身の怒りの言葉で、その背景を語ってもらおう。

［27］偵察や夜襲などの行為は、悪党や機敏な者など、それを専業とする者の仕事のはずである。そうした行為はそうした者たちに申し付けているはずなのに、若い近臣たちが表面上は敏捷なふりをしながらも、内心は敵地で女の一人でもさらってやろうという気持ちで、命じられていないにもかかわらず、どこかへ出かけて行ってしまい、その結果、もし敵に殺されることになったとしても、その者の家は改易処分とする。そのときになって、みなが肩をもって、「これも忠誠心からの行為です」などと言い出しかねないので、このことはあらかじめ通告しておく。

政勝の怒りが伝わってくるような生々しい文面だが、要するに彼らは決して戦況を有利に導こうとか、軍功をあげて政勝に気に入られようという思いから抜け駆けをするのではなかった。戦国時代の戦場では、物資の掠奪や人身の拉致が将兵によって堂々と行われており、そのこと自体は慣習的に許容されていた（藤木久志氏の研究による）。そこで彼らは、これを機に「敵地で女の一人でもさらってやろう」という魂胆で、戦場に抜け駆けしていたというのである。これには政勝も、さすがに呆れ果てていたようだ。

家臣への諮問

しかし、政勝はそんな無分別な家臣たちに対して、自身の理想を一方的に押し付けていたわけではなかった。「新法度」のいくつかの条文には、その条文が成立する背景をうかがわせる記述がある。

資産家が死ぬ間際に、親族の者たちに「誰々に金を貸してある。これをそれぞれで分けて財産相続せよ」というような遺言状を残すのは、当時「世の習い」だった。ところが、生前にその者が血縁関係のない赤の他人に「誰々に金を貸してあるので、これを差し上げる」とか「屋敷や所領を質にとってあるので差し上げる」といった遺言状を書き渡す場合がある。こうした親族でない者への債権や質の譲渡の場合、それを認めるべきかどうか。これは、この頃、見解が分かれる問題だったらしい。これについて、政勝は44条で次のように述べている。

［44］他人だったらその譲渡は無効か、あるいは有効か、一同で協議して、この対処法をどちらか一方に決定して(私のところへ)言上しなさい。(その結論を)新法度に書き加えよ

うではないか。すると、みなへ尋ねたところ「他人であっても、遺言状を受け取ったならば、その文書を重視して債権や質の譲渡を認めるべきである。しかし、もし遺言状や証文がないのならば、いかにありありと状況を申し述べたとしても、認められるものではない」と一同で言上がなされた。まったくもっともなことである。今後もこのとおりにせよ。

ここでは、とりあえず赤の他人への債権譲渡は有効か無効かという問題は置いておこう。むしろ重要なのは、この当時においてややこしい問題を処理するさいに、政勝は家臣一同に協議を求めており、その協議での決定内容を「新法度」に盛り込んでいるという点である。ここで政勝は家臣たちの協議結果を踏まえて、他人への債権譲渡を有効とするという判断を下しているのである。似たような例は、ほかにも82条や83条に見られる。

82条では、城内や町々の門番・夜番の割り振りについて、①町の人口に応じた割り振りにする、②家屋一軒ごとの割り振りにする、③直営地や世帯に応じた割り振りにする、の三パターンのうちのいずれにするかを家臣たちに諮問《しもん》しており、その家臣たちの協議結果を法に採用している。

また83条では、質の悪い銭《ぜに》について、すべてを市場から排除してしまっては経済活動が成り立たないので、永楽通宝《えいらくつうほう》のみ使用を認めるか、それとも質の悪い銭も同様に通用させるか、との諮問を家臣たちに行い、ここでは家臣たちの「永楽通宝のみを通用させるわけにはいかないので、悪銭の基準を示してほしい」との総意が法に採用されている。このように「新法度」は決して政勝の独りよがりの一方的な法であったわけではなく、微妙な問題については家臣たちに諮問を行い、彼らの合議を踏まえ、その決定に準拠するスタイルをとっていたのである。

家臣と大名の合意

ただ、はたして、その諮問手続きや不採用の選択肢まで、わざわざこうして文中に書き記す必要があったのかどうか。最終的な結論だけを記述すればよかったのではないか、という疑問をもたれる読者もあることだろう。しかし、一方でこうした手続きを経て法が作られていることが明言されている以上、今後は家臣たちも「新法度」の内容においそれとは背《そむ》くことはできないはずである。そうした経緯をあえて記述することで、政勝は家臣たちを「立法者」の側に取り込むことを企図したのかもしれない。

しかも、家臣との合意を踏まえた立法という点では、それは、これらの条文だけに限った話ではなく、「新法度」全体についても言えることであった。「新法度」では、一〇四条と追加二条におよぶ規定の後、末尾に「御掟に従い、いずれも違反はいたしません。たとえ親子・親類・下人であったとしても、違反が認められればお耳に入れて、たとえ処刑されるようなことがあっても抗弁はいたしません」という文言が添えられ、結城家の家臣一五名の署判《しょはん》が書き記されている。政勝が諮問を行った家臣たちというのは、おおよそ彼らのことを指すと考えてよいだろう。政勝は「新法度」を作成した後、それを彼らに提示して、承認する旨の署判を取り集めていたのである。

他方、家臣たちの度の過ぎた宴会を禁じた62条では、「もし明日にでも私をどこかの宴席へ呼び、ご馳走してくれたとしても、ここで取り決めた以上に一菜でも多く出されることがあったならば、神もご覧あれ、私はその座を立ち去るであろう」とも述べている。ここでは政勝は決して一方的にルールを作る存在ではなく、彼自身も「新法度」に拘束される存在であることが明記されている。まさに「新法度」は家臣と大名の合意のうえで成立した法であり、家臣も大名もともに規制する法だったのである。

「古法」の吸収

このほか「新法度」には、当時「古法《こほう》」と呼ばれた、戦国時代の慣習法も強く反映されている。

たとえば10条には、「夜に他人の田畠で討たれたとしても、その関係者は「罪は無かったはずだ」などと言ってはならない。何の用事があってそんなところをうろついていたというのだ」という規定がある。夜に他人の田畠で殺害されても文句は言うな、という主旨である。もしそんなことが普通に行われたら恐ろしいことだが、どうも当時の社会ではそれは当たり前のことだったらしい。

戦国時代の村の掟には「夜間、村のなかを稲を持って通る者は処罰する」という条文がよく見られる。いまと違って街路灯もなく真っ暗な夜の闇のなか、当時の人々が田畠を徘徊《はいかい》する必然性はほとんどなかった。もし徘徊していたとすれば、それは他人の田畠の作物を盗み刈ること以外に考えられない。ましてその手に稲束を持っていたとすれば、それこそが盗みの動かぬ証拠、と当時の人々は考えていたようだ。だから、「新法度」の規定は、当時としては取り立てて厳格だったというわけではなく、むしろ政勝は当時の「古法」にもとづいて「新法度」を作成していたと言える。

あるいは58条は、田畠の境界争いに関する条文であるが、これについては「調べたうえで、争っている土地が一〇段ならば両方へ五段ずつに分けるべきではないか。それでも問題があるというならば、結城家が問題の土地を没収して、誰か別の者にその土地を下し与える。このどちらかで処理せよ」としている。これも私たちの感覚からすれば、争っている物件を折半しろというのが、そもそも紛争処理策としては粗雑に思えるうえ、それを受け入れないなら没収してしまうというのは、あまりに乱暴であるように思える。そのため、かつてはこうした分国法の規定から戦国大名の強権的な性格が語られることが多かった。

しかし、「下地中分《したじちゅうぶん》」（荘園の土地を地頭と荘園領主で折半すること）や「半済令《はんぜいれい》」（荘園の年貢半分を守護に差配させる法令）といった歴史用語を思い出してもらえばわかるように、争っている土地や利権を折半するというのは、中世社会においてはむしろ穏当な解決策と考えられていた。また、それでも収拾がつかない場合は、裁判権をもっている者がそれを没収するというのも、乱暴なようでいて、当時の社会ではそれなりに受け入れられる措置だったらしい。中世の人々は無理に白黒をつけて後々にシコリを残すよりも、中庸《ちゅうよう》な解決策を最善とする法意識をもっていた。だから、この「新法度」の規定も、やはりそうした伝統や「古法」に則ったものだったのである。

それ以前から民間社会で支持されていた「古法」を掬《すく》い上げ、法のなかに公的な位置を与えるというのは、「新法度」に限らず、これから紹介する分国法のすべてに見られる重大な特徴と言える。

大名への忠節

ところが、一方で政勝も、いくつかの点で「古法」を乗り越えようという志向をもっていた。たとえば、51条には「親子の訴訟は、とにかく子の側を敗訴とする」という規定がある。中世法においては親の権利は絶対的なものと考えられており、中世権力は親子のあいだの訴訟は一切受け付けないか、受け付けたとしても子の側を敗訴とするのが常識だった。ところが51条では、この中世法の絶対原則を尊重しながらも、例外として二つのケースを挙げている。一つは、親が長男を疎んじて弟のほうを取り立てようとした場合、もう一つは、親が結城家に対して「不忠」を企み、その謀議に子も引き入れようとした場合。この二つのケースについてだけは、親を罰して子の側を勝訴とする、のだという。

ここに「古法」を曲げてまで、政勝が新たに推し進めたかった二つの方向性が示されている。その一つが兄弟間の長幼の序列、もう一つは大名家への絶対的な忠節、である。政勝はこの二点を新たに親の権利よりも上位に位置づけようとしたのである。

とくに大名家への絶対的な忠節については、他の条文にも同様の志向性が見てとれる。たとえば53条には、「両親が健在のうちに、その子がいくども結城家に忠節を尽くし、ついには討ち死にしてしまった場合、その家督に関しては親の干渉は許さない。結城家が家督継承者を指名する」という、強硬な規定が見える。これについても本来、親が健在のうちに死んだ子の地位や財産はその親の差配に委ねるというのが、中世以来の「古法」であった。だから、実際、死んだ子の地位や財産が親の裁量で、その子の兄弟に分配されてしまうということもありえた。ところが、政勝はそれを「もってのほかの曲事《くせごと》」と断じ、その子に跡継ぎがいる場合、男子でも女子でもかならずその跡継ぎに継承させるようにと取り決めたのである。ここにも、親の権利を制約し、それよりも大名家への忠節を重視しようとする政勝の姿勢がよくうかがえる。

このほかにも50条では、家臣が身分の低い者を政勝の前に引き出して、いろいろと報告させるのは僭越《せんえつ》な行為なので禁じるとしているが、「ただし、村の者や他の者が密かな世上の噂を聞きつけて報告するような場合は、その身一人を呼び寄せて、私の目の前で報告させるようにせよ」としている。つまり、家中での謀反《むほん》の兆候や、敵国の不穏な動静については、超法規的措置として百姓身分の者でも直接の報告を許したのである。ここにも領国・家中の治安を最優先する戦国大名ならではの発想が見てとれる。

家臣たちの利己的な言動はたやすく制御しがたく、またそれを補強する「古法」の壁も厚かった。しかし、結城政勝は「新法度」を制定することで、それに少しずつ統制を加え、みずからの権力基盤の安定化を図ろうとしていた。法としてははなはだ未熟な内容ではあるが、「新法度」には彼が直面した課題と、それに立ち向かう彼の姿勢が刻み込まれていたのである。

政勝のいらだち

こうして政勝が心血を注いで執筆した「新法度」だが、他の分国法と同様、どこまでその意図が実現されていたのかは、じつは明らかではない。わずかに政勝の養子晴朝の発した文書のなかに、一〇〜一五貫文《かんもん》相当の所領をもつ家臣に「一疋一領《いっぴきいちりょう》」(馬一頭と鎧一領)での従軍を命じたものがある。これは「新法度」の「一〇貫文の直営地ならば一疋一領で参られよ」[66]という規定に対応するものと考えられ、その点では「新法度」の内容は政勝死後もかろうじて受け継がれていた形跡がある。

しかし「新法度」は、すでにその執筆段階から、大きな挫折を含みこんでいた。73条から76条は、荷留《にど》め(領内の物流規制)に関わる条文である。そこでは結城家の許可証のない荷物の領内輸入は一切禁止とし、それに違反した場合は荷物の没収が取り決められている。また76条では、後になって家臣たちが違反荷物のお目こぼしを嘆願に来ることを重ねて禁じていた。

ところが、そのしばらく後ろの85条で、また次のような荷留めに関する条文が顔を出すのである。家臣たちに一貫して敬語を使いながらも、行間から溢れ出てくる政勝の絶望と憤りに注意して、この条文を読んでみてほしい。

［85］荷留めについては、みなが規制したほうがよいと言われるので、家中のためを思い規制したのに、許可証のない荷物を没収したところ、また誰かから頼まれてはこれを返却したり、「この荷物は通すべきだ」などと、みなで言われる。本当にわが家中の方々は、老いも若きもわがまま勝手で、どうしようもない方々ですね。規制しても私の利益になるわけでもないし、通過させても私が困窮するわけでもない。これまでは私に嘆願なさったら、みんな私はそのとおりにしてきた。でも、明日からは許可証なしで通行しようとした荷物を没収しても、誰もお目こぼしを求めてはなりません。

これを読むかぎり、そもそも荷留めははじめ政勝から言い出した話ではなく、家臣たちから提案された話だったらしい。「新法度」の81条には、家臣たちが商売をすることを禁じる規定がある。どうも結城家の家臣たちは政勝への奉公のかたわらで商業活動にも手を出していたらしい。だから、家臣たちは自分たちの営業権を守るために、もともと外部からの物資の輸入規制を求めていたようだ。

ところが、フタを開けてみれば、当の家臣たちが例のコネを利かせて荷留めのルールを骨抜きにしはじめたのである。自分たちから提案しておいて、このザマか！ 政勝は驚き呆れ、かなりきつい侮蔑の言葉を家臣たちに吐きかけている。しかも、この事態は「新法度」の執筆途中、76条を書いた後、85条を書く前、というわずかの間に起きたことだったらしい。政勝の構想は、すでに「新法度」を書いているそばから綻《ほころ》びを見せはじめていたのである。

この後の史実を追いかけてみても、起死回生策だった「新法度」が家臣統制に効果を発揮した形跡は、うかがうことはできない。残念ながら、法典としての「新法度」の限界は、こうした点からも明らかである。

その後の結城家

では、「新法度」制定後、結城家はどのような歴史を歩んだのだろうか。最後に、その後の結城家の歴史を駆け足でたどっていくことにしよう。

「新法度」制定後も、結城家の道のりは平坦なものではなかった。まず「新法度」制定から、わずか三年後の永禄《えいろく》二年(一五五九)八月一日、政勝は五七歳で没する。対外情勢の膠着《こうちゃく》や家臣の傍若無人ぶりに神経をすり減らしたすえの病没と考えられる。

その後、二六歳で跡を継いだ養子の晴朝も、越山して連年のように関東に押し寄せる上杉謙信の軍と、小田原の北条氏の二大勢力のあいだに挟まれ、引き続き苦悩を重ねることになる。やがて天正《てんしょう》一八年(一五九〇)、関東に侵攻してきた豊臣秀吉に臣従することで、晴朝は豊臣政権下の大名として、なんとか生き残りを果たす。結城家周辺の北関東の領主たちのなかには、小山氏や白河《しらかわ》結城氏のように改易に追い込まれた家々があったことを思えば、結城家の存続は幸運だったと言えよう。しかし、晴朝がその代償として秀吉に示した提案は、きわめて卑屈なものだった。晴朝は、結城家の家督を徳川家康の次男で秀吉の養子であった羽柴《はしば》秀康《ひでやす》に譲渡することを持ちかけたのである。晴朝には、もはやこうしたかたちで中央政権におもねるしか、結城家を存続させる道は残されていなかった。これにより第一八代結城家当主となったのが、結城秀康である。

その後、秀康は関ヶ原の戦いの後、慶長《けいちょう》六年(一六〇一)に越前《えちぜん》国(現在の福井県北部)へ転封となり、四〇〇年以上の歳月を過ごした〝名字の地〟結城を離れることになる。実質的には功績を評価されての加増であり、石高は一気に七倍近くに膨れあがった。隠居した晴朝も、当初は書状のなかで養子秀康の孝養を称賛している。しかし、これにより鎌倉時代以来の名門結城家は、血脈のうえでも、立地のうえでも、中世以来の伝統を喪失してしまうこととなる。晴朝の胸中、複雑なものがあったに違いない。一方で彼は、郷里結城の神社に、かなわぬ結城への帰城を祈願する悲痛な願文《がんもん》を送り届けている。

晴朝は、けっきょく養子秀康の死後も生き続け、中世結城氏の終焉をひととおり見届けた後、慶長一九年(一六一四)七月、結城を遠く離れた越前北ノ庄の地にて没する。政勝の死からおよそ半世紀。政勝が後事を託した青年は、このとき八一歳になっていた。

その後、「新法度」は子孫に参照されることもほとんどなかったらしく、政勝が記した原本は早くに失われ、明治期にはわずかに結城家の末裔松平《まつだいら》家に一点の写本が残されただけだった。しかも、その写本も太平洋戦争で焼失しており、現在には伝わっていない。本書をはじめ「新法度」の研究は、戦前に辛《かろ》うじて作成された孫写しの写本をもとに行われている。

第二章　伊達稙宗と「塵芥集」

―自力救済と当事者主義―

〝独眼竜〟の曽祖父

続いては、東北《みちのく》の覇者のもとへ。陸奥《むつ》国桑折《こおり》西山城(現在の福島県伊達郡桑折町)に拠点を置いた大名、伊達稙宗《たねむね》(一四八八〜一五六五、図2)と、その分国法「塵芥集《じんかいしゅう》」を見ていくことにしよう。

伊達氏は結城氏と同様、鎌倉時代以来の伝統を誇る一族だが、戦国前期には、現在の福島県北部から宮城県中・南部、山形県置賜《おきたま》地方を掌握し、約六〇〇〇の村々と推定四〇〇〇人ほどの家臣を抱える東北地方随一の大名となっていた。稙宗は、かの有名な〝独眼竜〟政宗の曽祖父で、世代的には北条氏康の父氏綱《うじつな》や、上杉謙信の父長尾《ながお》為景《ためかげ》などと同世代。いわば戦国第一世代の人物である。一般的には〝伊達〟といえば、どうしても政宗のほうが有名だが、伊達氏が戦国大名としての基盤を確立したのは、この稙宗の時代であった。

彼の施策の様々は、同時代の大名たちのなかでも抜きんでている。とりわけ顕著なのは、婚姻政策である。稙宗は確認できるかぎりでも二一人もの子女に恵まれたが、それらを相馬《そうま》・葦《あし》名《な》・大崎《おおさき》氏など周囲の大名に次々と嫁がせたり養子に送り込むなどして、積極的に姻戚関係を構築している。これにより彼一代で、伊達家は東北地方一帯に強い影響力をおよぼす存在にのしあがっている。しかも最終的には、越後上杉氏の当主定実《さだざね》の呼びかけに応じて、跡継ぎのいなかった彼のもとに養子を送り込む計画にまで着手している。しかし、この計画は、双方の家臣たちの強い反対に遭い、さすがに頓挫している。ちなみに、有名な伊達家の家紋は越後上杉家と同じ〝竹に雀〟の図様であるが、これは、その交渉過程で上杉定実より伊達家に贈られたものである（本章扉参照）。

このほか、婚姻政策以外の外交面では、最上《もがみ》や寒河江《さがえ》、葛西《かさい》などの周辺地域に絶えず軍事遠征を繰り広げたり、大名間の紛争に介入して調停役を買って出たりもしている。また内政面では、領内に新たな税として段銭《たんせん》や棟別銭《むなべつ》を創出して財政基盤を整備したり、買地《かいち》安堵《あんど》と呼ばれる購入地の保証政策を通じて家臣に影響力を行使している。こののち政宗が戦国大名として順調なスタートを切ることができたのも、こうした稙宗の一連の実績があったから、と言えるだろう。

図２　伊達稙宗像（「伊達家歴代画真」，仙台市博物館所蔵）

なかでも稙宗の逸話で痛快なのは、室町幕府を向こうにまわしての任官運動だろう。それまで陸奥国内では足利《あしかが》一門の大崎氏が奥州探題《おうしゅうたんだい》職を世襲し、大きな権威をもっていた。しかし、稙宗三五歳の頃には、彼の活躍により、すでに伊達氏の実力は大崎氏を凌《しの》ぐものとなっていた。そこで彼は、その実績を背景に、大崎氏にかわってみずからが陸奥国の覇者として奥州探題になることを目論んだ。しかし幕府も、さすがに伝統ある大崎氏を差し置いて伊達氏を奥州探題に任命することはできない。そこで苦肉の策として、大永二年(一五二二)、幕府は稙宗を前代未聞の「陸奥国守護」に任ずることで彼の要望に応えようとした。そもそも陸奥国には他国のように「守護」は任命されないことになっていたので、これは窮した幕府の苦し紛れの対応であることは明白である(稙宗は歴史上、最初で最後の「陸奥国守護」である)。ところが、あくまで奥州探題を望んだ稙宗は、この幕府の対応に大いに不満だった。彼は京都に守護職拝命の返礼すら送らず、無視をきめこみ、その後、幕府を怒らせてしまっている(小林清治氏の研究による)。いかにも戦国大名らしいふてぶてしい逸話と言えるだろう。

「塵芥集」と「御成敗式目」

その稙宗の数ある業績のなかでも特筆されるのが、天文五年(一五三六)の分国法「塵芥集」

の制定である(図3・4)。「塵芥集」は全一七一条からなり、東国大名が定めた分国法のなかでは最も多くの条文数を誇っている。「塵芥集」という名称は稙宗自身がつけたものだが、文字どおり塵《ちり》・芥《あくた》のような些末な条文までも収録したことを謙遜《けんそん》して名付けたものと考えられてい

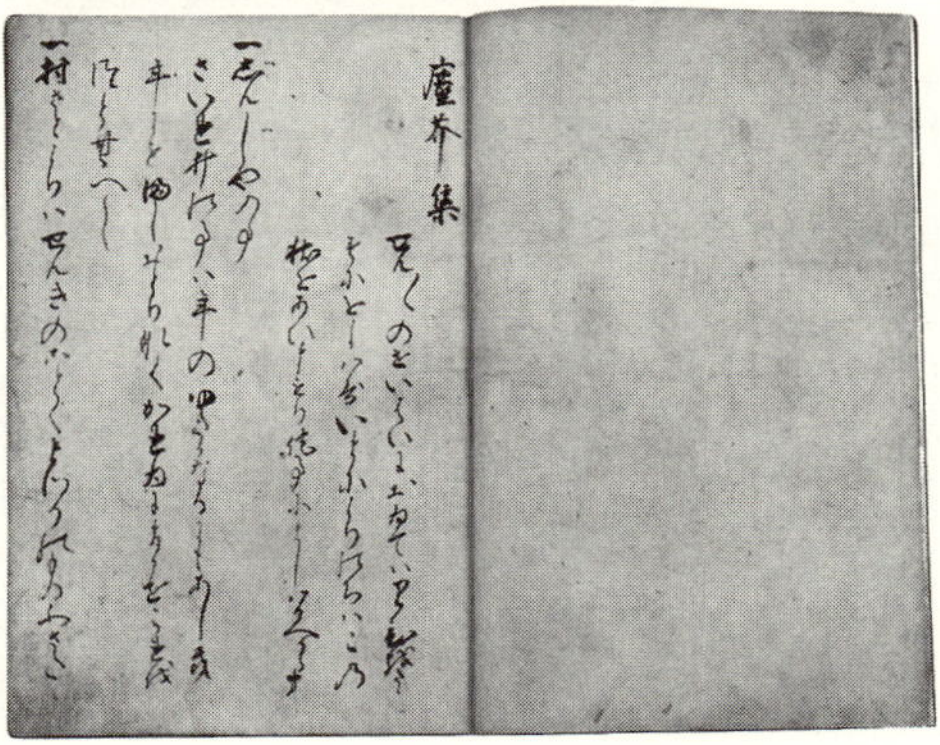

図3 「塵芥集」
(上)表紙
(下)巻頭
(村田本，仙台市博物館所蔵)

る。実際、「塵芥集」には道路の通行法から夫婦喧嘩まで、そこまで詳細な規定が必要かと思えるほど多岐にわたる規定が盛り込まれており、なかでも当時「検断沙汰《けんだんざた》」と呼ばれた刑事関連の条文が多いことが、その特徴とされている。本章では、この「塵芥集」の刑事関連の条文

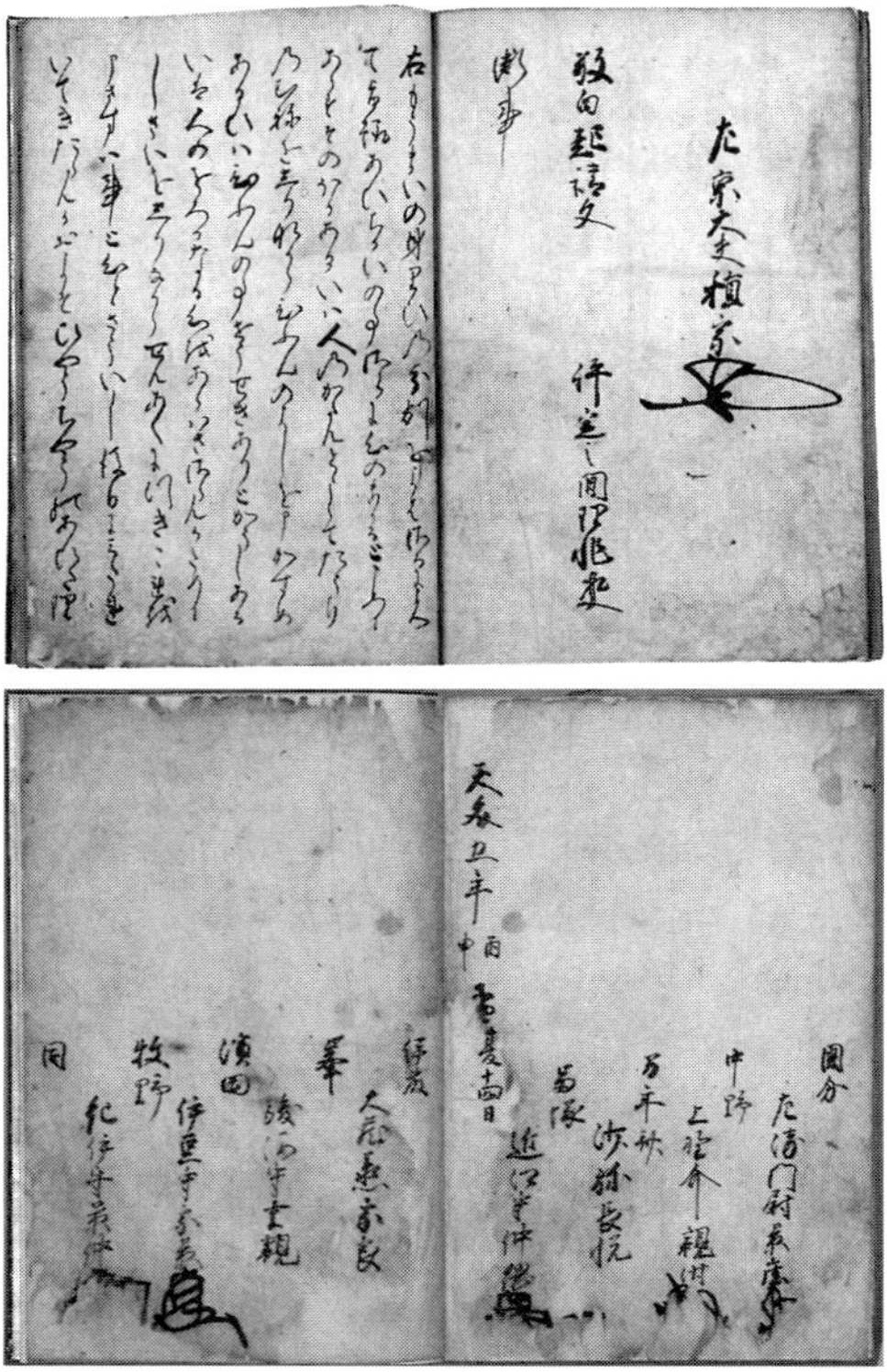

図4 「塵芥集」（上）巻末の稙宗の花押，（下）家臣の連署（所蔵同前）

を中心に、当時の社会の実態と、それに直面した稙宗の取り組みを見ていくことにしよう。

まず最初に、喧嘩に関する「塵芥集」40条を見てもらおう。

［40］他人を殴る罪の事。侍《さむらい》については所領を没収する。所領をもっていない者たちは他国に追放とする。しかし、伊達家の処罰を待たずに個人的に殴り返すことはあってはならない。そうした者たちは同じく所領を没収する。所領をもっていない者たちも同じく他国へ追放とする。

ここでは、他人を殴った場合の罪が規定されていて、当然ながら伊達家でも不当な暴力行為は堅く禁じられていたことがわかる。しかし、何を隠そう、この条文、鎌倉幕府の定めた「御《ご》成敗式目《せいばいしきもく》」13条によく似た条文がある。「御成敗式目」の該当部分を見てみよう。

［式目13］人を殴る罪は決して軽いものではない。そこで侍については所領を没収する。所領がなければ流罪とする。郎従《ろうじゅう》（＝身分の低い侍）などについては、その身柄を拘禁する。

それぞれの量刑は異なるが、罪の内容を「侍」と「所領のない者」で分類している構成など、この二つの条文は非常によく似ている。「塵芥集」は、おそらく40条の作成に、この「御成敗式目」13条の内容を参考にしたのだろう。

これに限らず「塵芥集」には「御成敗式目」に酷似した条文が多くあり、少なくともこの40条を含めた四カ条(25条と式目10条、40条と式目13条、121条と式目36条、134条と式目15条)は、それぞれよく似た内容になっている。「御成敗式目」は鎌倉幕府の滅亡後も、ながく武家社会の基本法典として尊重されていた。そのため稙宗は、「塵芥集」を執筆するさい「御成敗式目」を座右に置いて、全般的にかなりの参考にしていたようなのだ。

ただし40条については、後半部分で「御成敗式目」とは異なり、「伊達家の処罰を待たずに個人的に殴り返す」者の罪を規定している点が独創的といえるだろう。喧嘩はもちろん先に手を出したほうが悪いが、それに応戦する者があるから喧嘩になるのであって、手を出したほうだけを罰しているだけでは問題の解決にならない。稙宗は「御成敗式目」の暴力を禁じる精神を継承しながらも、さらに応戦する側の罪を盛り込むことによって、より人々の復讐心に対して厳しい姿勢をとっていたのである。ここに紛争が激化して社会問題となっていた戦国時代固有の取り組みを見てとることができるだろう。

連想と借用

ところが、こうしたアレンジが良いかたちで加えられるのならばよいのだが、「塵芥集」のなかにはこちらが首を傾げざるをえないような不思議な記述も見られる。たとえば、さきの40条の直前の38・39条には、以下のような条文が並んでいる(以下、桜井英治氏の研究による)。

［38］喧嘩や口論で人を斬った場合、負傷者の多いほうを勝訴とする。ただし負傷者や死者が多かったとしても、そちらが先に手を出した場合は、手を出した側の過失とする。

［39］人を斬る罪の事。伊達家に報告して処罰を待つべきなのに、報告を行わず、個人的に斬り返してはならない。そういう者たちは、たとえ格別な正当性があったとしても、法に背いた以上は処罰を加える。

38〜40条は同じく喧嘩の問題を扱っているのだが、とくに38・39条では刃傷《にんじょう》の問題、40条では殴打《おうだ》の問題が扱われている。この配列には「刃傷」を扱った以上、次に「殴打」についても扱わねば、という制定者の連想が働いていることは明らかだろう。

ところが、よく読んでみると、39条では人を斬った者については「処罰を加える」(原文では「成敗を加ふ」)と抽象的に書かれているだけなのに、40条では侍は所領没収、所領のない者は国外追放と、えらく具体的になっている。常識的に考えれば、刃傷と殴打では、刃傷のほうが重罪なのだから、処罰の内容ももっと詳細でなければならないはずなのだが、ここではなぜか40条の殴打の罪のほうが詳細を極めている。いったい何故だろうか。

考えられる理由はただ一つ。これは殴打の条文がたまたま「御成敗式目」にあったことから、急遽、そこの部分だけ「御成敗式目」を参照したために、妙に細かい規定になってしまったということなのだろう。反対に刃傷の規定は「御成敗式目」にはなかったため、雑なまま放置されてしまったに違いない。「ああそうだ、刃傷について決めたんだから、殴打についても書いておかなくちゃいけないな」→「待てよ、殴打については「御成敗式目」に何か書いてあったな。そうそうこれこれ!」という制定者の思考の流れがうかがえる。ところが、ふつうなら40条で殴打について細かく規定したなら、前に戻って39条についても詳細に規定をし直すぐらいの配慮が欲しいところなのだが、なぜか「塵芥集」の制定者は、そこまでは頭がまわらなかったようなのである。

たった一人の戦い

こうした粗雑さや条文間の不整合は、ほかにも多く見られる。たとえば「塵芥集」の内容構成を、おおよそ三カ条以上のまとまりごとに整理すると、以下のようになる。

1～7条　神社法
8～15条　寺院法
16～75条　刑事法
76～83条　百姓支配法
84～92条　用水法
93～105条　不動産売買法
106～120条　貸借法
121～123条　堺相論《さかいそうろん》法
（分類不可能）
127～131条　国際関係法
（分類不可能）
136～138条　道路交通法
（分類不可能）
141～150条　下人法
（分類不可能）
162～167条　夫婦関係法
（以下、分類不可能）

ご覧のとおり、「結城氏新法度」に比べると、まだ内容構成は整っており、合理的な条文配列になっていることがわかる。ところが問題は、124条以降の条文である。そのあたりになると、「塵芥集」も急に相互に関連性の薄い雑多な条文が並べられるようになってしまう。たとえば、「路地を往来する者は、道端の家の垣根を壊し、松明《たいまつ》にしてはならない。まして寺院の堂塔については言うまでもない」〔138〕、「近道をしようと封鎖してある道を突破して通ったら、侍ならば出仕をやめさせ、それ以外の者は追放とする」〔158〕など、ほとんど現代の中学校の校則レベル以下の些末な規則が載せられている。とてもこれらは、前頁の表のように「××法」というジャンル分けができる性格のものではない。

しかも、そのうち151条と152条に出てくる犯罪者の処罰に関する話題は、すでに刑事法に関する50～60条のあたりで言及している事柄であり、本来ならば追加するにしても、遡って該当箇所に挿入するべき内容である。また、土地の境界をめぐる121条と169条にいたっては、言い回しが異なるだけで、呆れたことにほぼ同内容のことを述べてしまっている。もう少しどうにかならなかったのだろうか……。

おそらく当初の構想にもとづいて、おおよその内容を記述したあと、そのジャンル分けに収まりきらない雑多な事柄を124条以降に思いつくままに放り込んでしまった、といったところが実情ではないだろうか。後から条文を追加するにしても、内容の重複がないかの確認や、それ以前の構成を乱さないように該当箇所に補入するなどの配慮が欲しかったところだが、それがなされないまま、124条以下は書き足されていってしまったようである。

もちろん、これらは専門的な法曹官僚と言わずとも、複数の人物が編纂に携わってさえいれば、決して起こりえないミスと言えるだろう。それを考えると、「塵芥集」についても、前章の「結城氏新法度」と同様、執筆にあたったのは、おそらく稙宗一人であったに違いない。彼は、余人を交えず自身の政治感覚だけを頼りに、「御成敗式目」など若干の参考資料を手元に置いて、独力で「塵芥集」の編纂にあたったのだろう。「塵芥集」に見られる粗雑さや不整合は、そこから生じたものと思われる。

なお、「結城氏新法度」や「塵芥集」など分国法のいくつかが漢文ではなく仮名書きで書かれている事実を、広く多くの家臣・領民への布告を意識したためとする見解もあるが、おそらくそれは違うだろう。実際のところは、制定者である政勝や稙宗の識字能力の限界が反映されたものと考えるのが妥当と思われる。当時は大名当主でも漢文を読み書きできない者は少なくなかったのである。

誤訳と直訳

しかし、そうした「塵芥集」の法としての未熟さから、逆に戦国時代の東北地方や伊達氏の支配の個性が見えてくる部分もある。稙宗には悪いが、もう少しだけ「塵芥集」のあら探しをしてみよう。

「塵芥集」のなかに「御成敗式目」を引き写したかのような条文がいくつか見られることはさきに述べた。文書偽造についての134条も、そんな条文の一つである。

［134］文書偽造について。……裁判で相手側の所持する土地証文を偽造文書であると、攻撃する者が多い。そうした場合、確認してみて、本当に偽造文書ならば規定どおりの処罰を行う。しかし、証文に誤りが認められなければ、双方が争っている土地を没収する。

この条文は、最後の一文以外は「御成敗式目」の15条とほとんど同内容である。ところが、そのアレンジされた肝心の最後の一文が、よく読んでみると、論理的にかなりおかしな内容になっている。気づかれただろうか？

ここでは、根拠も無いのに相手側の証拠書類を偽造物であると論難した者に対する罰則が述べられている。ところが、その罰則は「双方が争っている土地を没収する」というものだった。つまり、このとおりだとすれば、相手を無根拠に論難した場合、当人が土地の権利を失うのは当たり前だとしても、問題の土地は伊達家に没収されてしまうわけだから、なんの悪いこともしていない相手までもが土地を失ってしまうことになる。これではあまりに変な話である。

きっと稙宗は、この部分は「双方が争っている土地相当の土地を（虚偽の告発をした者から）没収する」と書きたかったのだろう（それなら不自然な内容ではなくなる）。ところが、無理して「御成敗式目」にない文章を自力で書こうとしたものだから、書き損じて、意味不明な文章にしてしまったようである。

稙宗が「御成敗式目」を誤解したために「塵芥集」の記述がおかしなことになってしまった部分はほかにもある。たとえば、135条では所領に関する訴訟の時効を「二一年」と規定している。これは「御成敗式目」８条の知行《ちぎょう》年紀法と呼ばれる、かなり有名な条文にもとづいているものと思われるが、正しくは「御成敗式目」の所領訴訟の時効は「二〇年以上」（原文は「二十ヶ年を過ぎば」）である。ここも、おそらく稙宗は「御成敗式目」の記述を「二一年以上」と誤読して「塵芥集」に盛り込んでしまったのだろう。

ほかには似たような例で、こんな条文もある。121条は土地の境界についての規定であるが、「虚偽の訴訟を起こした場合は、境界を越えて不当に手に入れようとした土地の面積を測って、敗訴した者の土地から相当分の土地を勝訴した者に割き与えよ」としている。じつはこの記述も「御成敗式目」36条をそっくり借用したものである（134条の文末のアレンジも、この条文を意識したものだろう）。ここの文章については、引用ミスや誤読はない。しかし、問題は量刑である。

他の戦国大名の分国法に比べると、「塵芥集」のこの罰則はずいぶんと甘いものとなっている。後でみる「今川かな目録」や武田の「甲州法度之次第《こうしゅうはっとのしだい》」では、同じ罪を犯した場合、相当分の土地の没収どころか、その者の全所領の三分の一を没収するという、かなりの厳罰主義が採られている。「結城氏新法度」や「相良《さがら》氏法度」、三好《みよし》氏の「新加制式《しんかせいしき》」などにも、同様の傾向が見られる。すでに時代は「御成敗式目」のような悠長な処罰では対処できなくなっており、一様に境界争いの不正には厳罰化を見せているのだ。

ところが、なぜか「塵芥集」だけが、呑気《のんき》にこの問題を「御成敗式目」の引き写しで済ませてしまっている。しかも、さきに述べたとおり、お粗末なことに、このあと169条で121条とほとんど同一の内容の条文を再度掲げてしまっているのである。この呑気さは、いったいどこから来るのだろうか？　しかも「塵芥集」には数種の写本が存在するのだが、これらの不適切な記述はそれらの写本でも訂正されてはいない。これには稙宗一人のウッカリでは済まない事情があるようだ。

「塵芥集」の個性

そこで改めて考えてみたい。「塵芥集」のなかで「御成敗式目」の誤解による稚拙な誤りや、「御成敗式目」を無頓着にコピーした箇所などを眺めてみると、多くが不動産問題を扱った条文であったことに気づく。中世社会では所領や年貢をめぐる裁判は「所務沙汰《しょむざた》」と呼ばれて、主に刑事事件をめぐる裁判を意味する「検断沙汰」とは区別された。その区分で言えば、伊達氏の「塵芥集」は検断沙汰についてては詳細を極めるものの、所務沙汰については他の大名の分国法に比べて、かなり杜撰《ずさん》であったと言える。

おそらく、それは当時の東北社会の農業生産のあり方を反映したものなのだろう。畿内やその近国地域では水田耕作はほぼ飽和状態近くまで開発が進み、当時の人々は猫の額ほどの田地をめぐって激しい争いを繰り広げるようになっていた。だから、これらの地域の大名たちは田地の境界争いに前代以上に神経を遣い、新たな厳罰主義で臨んでいたのだろう。ところが、伊達家が治める東北地方は、様々な徴証から考えて、いまだそこまで農業開発が進展していなかったと思われる。開発予定地はなお無限にあり、他人の田地に境界を越えて侵犯するというような事態はまだ起きていなかったのではないだろうか。だとすれば、稙宗が「塵芥集」で所務沙汰について無頓着だったのも納得できる。

所領をめぐる紛争が社会問題としていまだ浮上していなかった伊達領国では、所務沙汰については既存の「御成敗式目」をもって充てていれば、なんの問題もなかったのである。ここに当時の列島社会の多様な地域性がうかがえる。

ついでに言えば、他国の分国法には無くて「塵芥集」に多い条文に、下人に関する規定がある。下人とは、人身売買の対象として売り買いされた奴隷的な人々のことである。「塵芥集」のなかには逃げた下人の帰属をめぐる規定であるとか、生まれた下人の子供の帰属をめぐる規定などがかなり詳細に確認できる。

というのも、「説経節《せっきょうぶし》」など当時の物語には、騙《だま》されて下人として売られてしまった女・子供が北陸や東北地方へと転売されていくという設定が多い。当時の東北地方は列島の下人の一大販売先だったのである。中央地域と違い、まだ未開地が多く広がっていた東北地方では、土地そのものよりも、そこに投下する人的資源のほうに大きな価値があった。土地はいくらでもあるのだから、あとはそれを開発してくれる労働力が必要とされたのである。そこで列島各地から合法・非合法様々な手段で下人が集められてきていたわけである。当然、それにともない、東北地方では下人の帰属をめぐるトラブルが他地域よりも頻発することになる。「塵芥集」のなかの下人規定の多さは、そうした当時の東北社会の地域性に由来していたのである。

復讐と法律

では、いよいよ「塵芥集」で最も詳細な検断沙汰の規定をもとに、当時の社会実態を見ていくことにしよう。まずは、敵討《かたきう》ちについての条文を見てもらおう。

［24］親・子・兄・弟の仇《かたき》であっても、みだりに敵討ちをしてはならない。ただし、その仇が伊達家の処罰をうけたにもかかわらず、伊達領国に舞い戻って徘徊しているような場合は、「むて人《にん》」が襲いかかって、親の仇だろうと子の仇だろうと討ち取ったとしても、処罰はしない。

まず、冒頭の「親・子・兄・弟の仇」という文句に注目してほしい。「親・子・兄・弟の仇であっても、みだりに敵討ちをしてはならない」。そう書いているということは、現実には、当時の社会では「親・子・兄・弟」の敵討ちが横行していた、あるいは横行しかねなかったということなのだろう。江戸時代になると、敵討ちは一定の条件のもとで公的に認められるようになる。ただし、それは自分より目上の親族が殺された場合に限られていた。つまり、江戸時代では父や兄の敵討ちは認められていたが、子や弟の敵討ちは認められていなかったのである。

これは目上の親族を尊重する儒教倫理にもとづいた措置であったが、それに比べると戦国時代の敵討ちは「親・子・兄・弟」、つまり目上・目下、いっさい関係なかったことがわかる。江戸時代よりも戦国時代のほうが、やはり敵討ちについての許容度は遥かに大きかったのである。

しかし、最初の一文を読むかぎり、稙宗はそうした敵討ちを原則的に禁止する姿勢をとっていたことがわかる。これも「御成敗式目」以来の復讐を禁じる武家権力の伝統に則った姿勢と言えるだろう。

ところが、その続きを読むと、話は変わってくる。文中に出てくる「むて人」とは、「塵芥集」によく出てくる独特の言葉で「愚か者」といった意味である。原則的に敵討ちは禁止だが、すでに伊達家から処罰(この場合は追放刑だろう)をうけた加害者が、その処罰に従わず、再び領内に舞い戻ってきた場合には、「むて人」が仇を討つために襲いかかっても一向に構わない、というのだ。最初に原則的に敵討ちは禁止と述べているし、それでも敵討ちを強行する者のことを「むて人」と呼んでいるところから、稙宗が敵討ちを不当な行為であると位置づけていたことは明らかだろう。ところが、いったん処罰をうけた加害者が伊達家の処罰を無視するような行為に出た場合は、そのときに限って被害者遺族による復讐を認可する、というのが、この条文の後半の主旨なのである。復讐は基本的には認めないが、もし伊達家の処罰に従わないようなヤツなら、もう知らないから、そんなヤツは煮るなり焼くなり、どうぞご自由に、というわけである。

こうした措置は伊達家に限った話ではなく、周防《すおう》大内氏の分国法「大内氏掟書」などにも見られる〔大内143〕。大内氏から追放刑に処された者は、その後、誰に襲われようと、何をされようと、まったく関知しない、という姿勢を大内氏も採っている。当然、その男に個人的な恨みをもつ者は、ここぞとばかりに男の命を狙うことになるだろう。あるいは、とくに恨みはなくとも、物盗り目的で男の命を狙う者も現れないともかぎらない。伊達家の処罰をうけた男は、その瞬間から公権力の保護を期待できない私刑（リンチ）の海に素っ裸で投げ出されることになる。大内氏も伊達氏と同じく、自分の意向に従わない人物のいっさいの権利を剝奪し、保護喪失状態にすることで、その者への復讐を容認しているのである。

やられたら、やりかえす——。侵害された権利を公権力を頼らずに自分の力で回復する行為を、法制史の用語で「自力救済《じりききゅうさい》」という。もちろん現代の社会では現行犯など例外的な事案を除いて、個人が自力救済を行うことは禁じられており、犯罪者の処断は警察や裁判所など基本的に公権力の役割となっている。そして、人類の歴史には紆余曲折《うよきょくせつ》あるが、いずれの地域でも歴史の進展とともに、おおむね社会は自力救済を抑止する方向に向かって歩み、かわりに国家の裁判権が整備されていくという道筋をたどることになる。

それは稙宗たち戦国大名も同じであって、自力救済を禁じるという建前を彼らはあくまで維持し続けていた。しかし、その一方で彼らも自分たちの手の届かない範囲の問題については、自力救済を部分的に容認していた。復讐はいかんが、伊達家の処罰に従わずに領内に舞い戻ってくるようなヤツは殺してしまっても構わない、というように。彼らは大名の意向に従わず不法行為をする者たちの処置を自力救済世界の「私刑」に委ねることで、その秩序を実現していたのである。

だから、もし戦国大名を「自力救済の克服」という大きな人類史の歩みのなかに位置づけるとするならば、彼らは一方で自力救済を禁じながらも、なお他方ではそれを利用して支配を行う過渡的な性格をもつ権力体であった、と定義することができるだろう。逆に言えば、それだけ当時の人々の自力救済への希求は根強いものがあったのである。

「生口」を探せ

では、伊達家における刑罰の実態がなかば自力救済を放任するようなものだったとすれば、いったい犯罪捜査はどのようなものだったのだろうか。当時の伊達家には、独特の警察裁判制度として、生口《いけくち》制というルールがあった。

「生口」とは、「証人」という意味の中世語。奇妙な言葉だが、証人は生きてしゃべる存在であることから、そう呼ばれたのだろう(古代の中国史料に「奴隷」を意味する「生口《せいこう》」という言葉があるが、それとは何の関係もない)。「塵芥集」41条には、生口について次のような条文がある。

［41］窃盗・強盗・海賊・山賊などの犯罪に対しては、物証がなかったならば、生口を連れてきて、その証言にもとづき裁くように。共犯者に関しては、その生口の証言にもとづいて摘発せよ。……

意外に思われるかもしれないが、当時の伊達領国では、盗みなどの犯罪被害に遭った場合、伊達家が独自に犯罪捜査をして犯人を捕まえてくれるということは無かった。だから、伊達家から犯罪者に制裁を加えてもらったり、盗品を奪還してもらうためには、犯罪被害者は誰の犯行かを証言できる人物をみずからの力で連れてきて、その人物の口から伊達家の前で犯罪事実を証明してもらわなければならなかった。そのさい連れてこられる証人が「生口」だったのである。

しかし、ある犯罪事実を証明するときに、いちばん有効な「証人」とは、どんな人物だろうか？　犯行の目撃者というのもあるだろうが、おそらく最も明快なのは犯罪者当人、もしくはその共犯者、ということになるだろう。実際、「塵芥集」の文脈では、「生口」は「証人」であるとともに「容疑者」というニュアンスを含んで使用されている。41条の第二文で「共犯者に関しては、その生口の証言にもとづいて摘発せよ」と書いてあるのも、その生口が犯罪者当人であることを前提にすると、意味がスムーズに理解できる。

ということは、驚くべきことに、当時の伊達領国では盗犯被害に遭った者は、犯罪者に制裁を加えたり、盗品を奪還しようとするならば、みずからの力でその容疑者を捕縛して、伊達家の前に突き出さなくてはならなかったことになる。そこまでして初めて伊達家は犯罪の審理や犯人への制裁を行ってくれるのである。これは警察組織が職権として自主的に刑事犯罪捜査を行うのが当たり前となっている現代の価値観からすれば、驚愕の社会実態といえるだろう。

冤罪の晴らし方

中世日本には「獄前《ごくぜん》の死人、訴えなくんば検断なし」という諺《ことわざ》があった。「たとえ警察機構である牢屋の前に死体が転がっていても、被害者遺族からの訴訟が起こされなければ犯罪捜査は行わない」という意味である。中世日本に限らず、国家裁判制度の整っていない前近代社会では、警察機構が職権主義的に刑事犯罪捜査を行うことはなく、当事者からの訴訟が起こされて初めて捜査に乗り出す、当事者主義が当たり前だったのである。だから、伊達家の生口制も、それ自体は、前近代社会においてはさほど異常な制度ではない。

ただ、稙宗は、この生口制を極力公正に運用しようと考えたらしく、「塵芥集」のなかで、必要以上に詳細にそのルールを取り決めている。たとえば、さきの41条の後半には、次のような文章が続く。ここには、もし、ある日突然、無実の一般人が犯罪の共犯者であると生口から名指しされてしまった場合の対処法が書かれている。

［41］……もし生口が自白した共犯者のなかで「私はやってない」と主張する者が「むかい生口」を連れてきて、「この人はその犯罪に加わっていません」ということを証言させた場合には、最初に自白して共犯者の名前を白状した生口で、五〇日のあいだ沙汰所（＝裁判所）につながせておいた者と「むかい生口」を互いに討論させ、誤っている側を処罰せよ。

この場合は、容疑をかけられた者はみずからの力で新たな生口(=「むかい生口」)を捕縛してきて、その反対証人の口から自分が犯罪に加担していないことを証明させなければならなかったのである。妻殺しの容疑をかけられた主人公が警察に追われながらもみずからの力で真犯人を捕まえる、ハリソン・フォード主演の『逃亡者』というアメリカ映画が昔あったが、まさにそれを地で行くような話である。しかも、最初の生口と新たな生口を伊達家の法廷で対決させて、どちらの証言が正しいか審理するらしい。

ふつう法律というものは、将来にトラブルが起きたときの処理の規範を定めるものだから、なるべく個別性、具体性は排除して、一般化、抽象化した内容とするのが理想だろう。ところが前章の「結城氏新法度」と同じく、「塵芥集」もそのへんの洗練があまりにもなされていない。この41条のようなトラブルなども、その記述の詳細さから考えて、もとの話は実際に伊達領国で過去に起きた事件なのだろう。生口制をめぐっては、「塵芥集」にはこのほかにも必要以上に詳細な規定が続く。おそらくそれらも実際に伊達領国で起こった個別事件をもとに立法したものに違いない。以下、それらの条文の記述から、さらに生口制の実態に迫ってみよう。

生口捕縛の修羅場

一口に生口制と言っても、実際に生口を自力で捕まえるのには、かなりの困難がともなったようだ。52条には「生口を捕まえて、伊達家のもとへ連れてくる途中の路次で、その近くの郷村の者や、その者の主人や関係者・親類が大勢で身柄を取り返すことは、盗人と同罪である」という記述がある。当時の人々は地縁や血縁にもとづく強烈な仲間意識をもっており、一人の仲間の損害を集団全体の損害と考える傾向があった。そんな人々が、仲間の一人が何者かによって拘束されるという現場を目撃したならば、当人の犯罪行為の有無を問わず、おそらく黙ってはいられないだろう。連行されていく生口を、同じ村の住人や、彼の属する家の縁者が大挙して実力で奪還しようとするのは、火を見るより明らかである。そうとなれば、生口捕縛の現場は流血の惨事、凄まじい修羅の巷と化したに違いない。捕縛が困難を極めただろうことは言うまでもない。

そのほか49条には、「生口を捕縛するとき、誤って殺害してしまった場合は、捕り手の落度である」とある。実際、必死で抵抗する生口を捕り手が勢い余って殺害してしまうということもあったのだろう。また、50条には「捕らえた生口が口を割らなかった場合」、51条には「伊達家の代官による尋問がはじまる前に、生口が腹を切ったり、舌を嚙み切って自殺した場合」の規定がある。苦労して捕まえてきた生口だが、法廷では証言を覆したり、自害におよんでしまうというケースも、おそらくありえたのだろう。

あるいはまた、74条には「生口がすでに死んでいる者を共犯者として自白した場合、その年月を考慮して、共犯者の子供が一〇歳未満だったならば、親の罪を着せる必要はない」という規定もある。生口が相当な年月が経ってから共犯者を自白して、その頃には当人が死去していた、などということもあったのだろう。

このように「塵芥集」の生口関連の条文を読むと、生口捕縛にはかなりの困難がともなったことがわかる。なかには、こんな奇怪なシチュエーションの条文まである。


［53］生口を捕まえようとしたときに、タイミングが悪くて捕縛することができなくなって、逃げてしまった場合、逃げた生口が捕まえに来た人たちのことを「山賊だ！　追剝ぎだ！（何の罪もない私を拉致しようとしている！）」などといって訴えて、逆に捕り手を捕縛して、「生口（＝山賊容疑者）を捕まえました」といって伊達家に突き出してしまうトラブルがある。おたがいの物証がなくて善悪が決めがたい場合は、さらに双方が生口を探してきて、悪党と決まった側を処罰せよ。

生口として捕らえられそうになった男が捕り手を「山賊だ！　追剝ぎだ！」と騒ぎ立てて、逆に捕縛してしまうという珍妙なケース。刑事ドラマなどで、あと一歩で犯人逮捕というところで、型破りな風体の刑事のほうが犯人と間違えられて捕まって、犯人を取り逃がしてしまうといった話がよく出てくるが、あんな感じだろうか。まるでコントのような話である。ただし、ドラマだとすぐに刑事の容疑は晴れるが、この場合はそうはいかない。ここでは両者の主張のうちどちらが正しいのか伊達家には判断できないので、またも新たな生口を捕まえてくるようにと、稙宗は定めている。ここでの生口の捕り手は、伊達家の正規の警吏ではなく、当事者が勝手にやっているわけだから、外見的には山賊・追剝ぎと区別をつけることは不可能なのである。もとより捕り手が伊達家の正規職員ならそんなことは起こるわけもなく、これは捕縛を事件当事者に委ねてしまったがゆえの悲喜劇と言えるだろう。それにしても、捕縛された容疑者が新たな生口を捕まえるというのは、どうやって行われたのだろうか。そのあたりのことは「塵芥集」に詳しい記述はない。

いずれにしても、このように伊達家の刑事事件の処理は、それができるかどうかはともかく、そのほとんどが当事者（被害者側）に委ねられており、伊達家の役割は捕縛された生口を審理して、罪状を認定するだけであった(ここでは詳しく述べる余裕はないが、他の条文を読むと、伊達家では「処罰」も当事者に委ねていた形跡がある)。その意味では、伊達家の警察裁判制度は中世の当事者主義の延長線上にあったと言えるだろう。ただ、それ以前の社会では、自力救済が幅をきかせ、犯罪被害者が容疑者の捕縛どころか、下手をすれば容疑者を公権力に突き出すことなく独自に処刑することもありえた。また、当事者たちはそれを正当な権利であるとすら考えていた。だから、彼らに生口を私刑に処することなく、律儀に伊達家の法廷まで連行させようとすること自体、画期的なことではあった。

それを思えば、稙宗の生口制は、容疑者の逮捕権を当事者に委ねるかわりに、罪状の認定権のみは大名権力のもとに留め置いた措置、と評価することも可能だろう。それは現代の警察制度のような職権主義には遠くおよばないものの、当事者主義を制限し、職権主義へと向かう過渡期的な法制度だったと言うことができるかもしれない。

落とし物のゆくえ

しかし、「塵芥集」のなかには、やはり稙宗の統治者としての新たな自覚がうかがえる条文もある。次に紹介するのは、落とし物をめぐる条文である。

［71］道のほとりで見つけた落とし物について。西山城の橋のたもとに札を立てて、その落とし物の特徴を紛れなく申し出た者に返すようにせよ。また、（落とし主は）一〇分の一相当の礼を支払い、（拾い主はそれを）受け取るようにせよ。もし拾った物を長く抱え置いた者は処罰する。

現在なら「落とし物は交番に届けましょう」というのは幼児でも知っているルールだが、中世社会はかならずしもそうとは限らなかった。そもそも中世社会では、落とし物は神仏からの授かり物と考えられており、拾い主はそれを着服することが容認されていたのである。ところが、やはり落とし物は本来の持ち主に返すべきだ、という考え方も一方にはあって、落とし物をめぐる中世人の意識は錯綜《さくそう》していた。だから、中世法のなかで落とし物の処置を取り決めた法は、この「塵芥集」以前には存在しない。おそらくトラブルは当事者間で調整され、ケース・バイ・ケースで処理されていたのだろう。

それに対し稙宗は、落とし物をしっかりと落とし主に返すことを求めたのである。また、落とし主は拾い主に返礼として一〇分の一相当の金品を与えよ、とするあたりも、妙に念が入っ

図5　桑折西山城跡（著者撮影）　落とし物の立て札を立てたと推定される，中観音寺橋からの風景

ている。しかも、本文を読むと、落とし物を拾った者は、稙宗の居城である桑折西山城の橋のそばに立て札を立てて、落とし主を探すように、としている。それまで公権力が関与することなく、当事者間で解決されていた落とし物のような些末な問題に対して、稙宗はわざわざ介入し、自分の城の門前に札を立ててコミュニケーションをとれ、と定めているのである。ここに統治者としての稙宗のお節介なまでの自意識を見てとることができる。

なお、ここで落とし物の連絡場所として指定されている西山城とは、稙宗が四五歳のとき、天文元年（一五三二）から居城とした城である（図5）。それ以前の梁川《やながわ》城が平地の居館だったのに対し、西山城は標高約二〇〇メートルの丘陵の東西一キロ・南北五〇〇メートルに複数の郭《くるわ》をもつ本格的な城郭である。江戸時代の絵図や現在の地名伝承によれば、周辺には「常陸館《ひたちやかた》」「蔵人《くろうど》館」「駿河《するが》館」「富塚《とみづか》館」「近江《おうみ》館」という

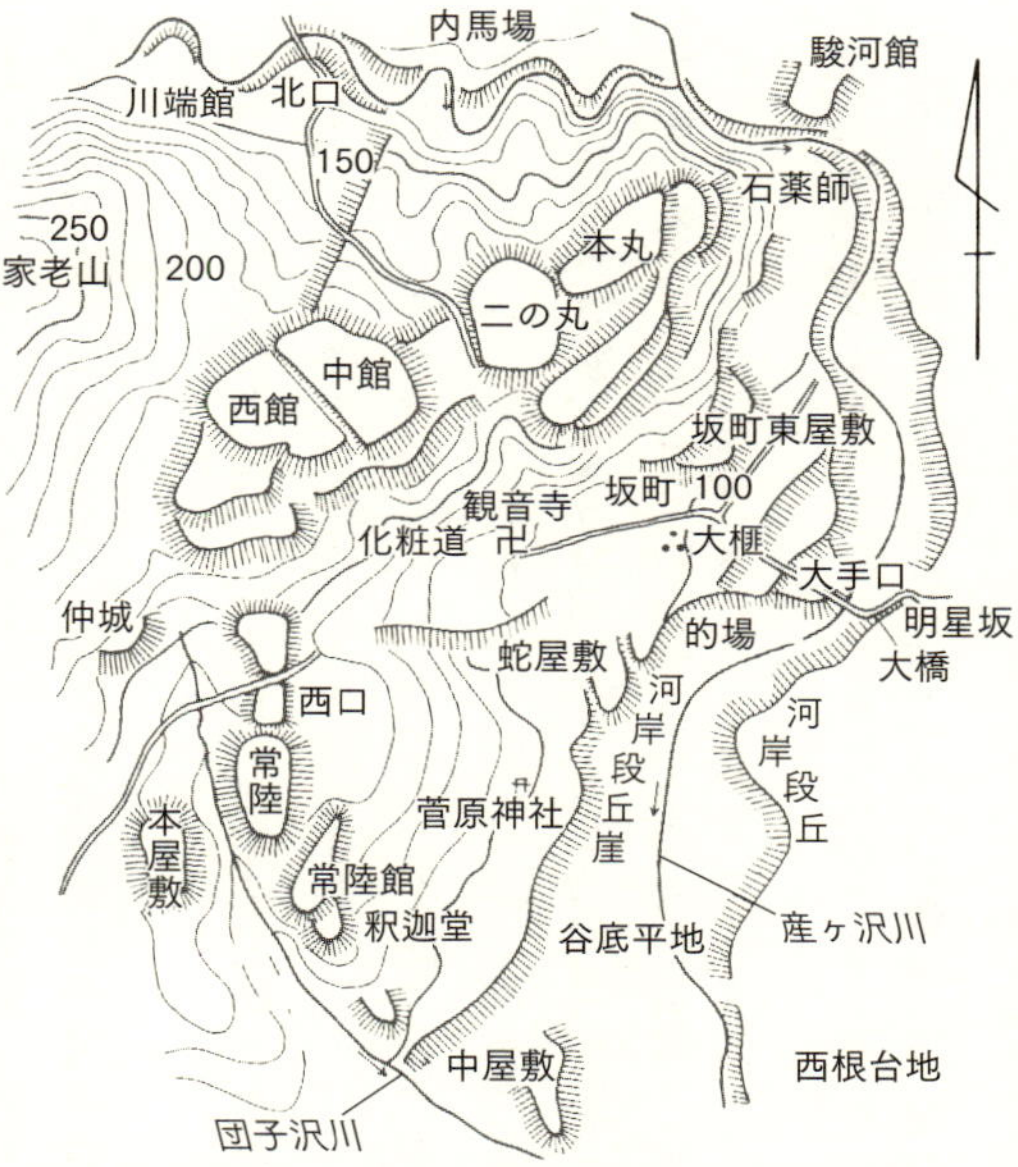

図6　桑折西山城縄張図(桑折町教育委員会作成)

地名が存在している。これは、それぞれ稙宗の重臣、中野常陸介宗《むね》時《とき》、峯《みね》駿河守重親《しげちか》、富塚近江守仲《なか》綱《つな》の名前をとった地名と考えられるが、もしそうだとすれば西山城の周辺には稙宗の家臣団が少なからず集住していたということになる(図6)。

　戦国時代以前の武士はそれぞれに所領をもち、一方でその経営に携わっていたことから、江戸時代の武士のように主人の城のまわりの城下町に住むということは、まだ一般的ではなかった。しかし、戦国時代になり主人の求心力が次第に強まってくると、家臣たちも徐々に本拠地を離れ、主人の城のまわりに集住していく傾向が見られるようになる。だから、もし稙宗時代の西山城のまわりに家臣団が集住していたとすれば、伊達家の戦国大名化、権力集中の過程を考えるとき、無視できない重要な指標となるだろう。

おそらく当時の西山城は、山頂の稙宗の居住する郭を中核に、その麓を家臣たちの居住する郭々が取り巻く姿で、周囲にその威容を誇っていたに違いない。つまり稙宗の居城は、たんに軍事拠点というだけではなく、家臣たちを従える彼の政治権力を空間的に表現した場でもあったのである。そしてまた新たに稙宗は、その城の門前の橋(門前を流れる産ヶ沢《うぶがさわ》川に架かる中観音寺橋あたりか、図5参照)を落とし物の連絡場所とすることを宣言したのである。当時の伊達領の人々にとって、西山城は稙宗権力を象徴する記念碑《モニュメント》であったと言えるだろう。

「万民を育むため」

『塵芥集』のなかに現れた稙宗の統治者意識は、次のような条文にも見られる。

[84] 用水路については、先例どおりとする。しかし、以前から決まっている取り入れ口

を変更して、上流の人が水を通さないと言って妨害することは、けしからん。また、下流の人が先例にもとづき水を通せと主張し、他方で上流の人が先例にもとづき通さないと主張して裁判になったとき、双方に証拠が無く理非が判定できない場合は、「万民をはごくむ」ために水を通すようにせよ。

ここでは農業用水の問題が扱われている。とくに上流の人々のほうが下流の人々よりも水利権のうえで優位にあることから、それを乱用して上流の人々が下流の人々の生産活動を妨害することを禁じている。ところが、農業用水の問題は村人たちにとっては重大問題ではあるものの、相互に文書を交わしてしっかり契約するというよりは、慣例で成り立っていることのほうが多い。そのため当時は、上流の人々にはそれなりの言い分があって、下流の人々の側にもそれなりの言い分がある、という場合が往々にしてありえた。

稙宗が、そうした場合に持ち出した論理が「万民をはごくむ(＝育む)」ため、というものだった。つまり、それぞれに言い分はあるだろうが、最終的には絶対的多数の人々の生活が成り立つようにすることを最優先して、下流に用水が流れるようにせよ、というのだ。稙宗は、ここで現代語で言うならば「公共性」ともいうべき論理を持ち出し、それをみずからが擁護する立場に立つことを宣言しているのである。
用水路に関連しては他の条文でも、似たような論理を展開している。

［88］用水路を維持するために堤を築いたところ、次第に水かさが増し（堤が拡がって）、個人の田地が堤によって損なわれてしまうことがある。そこで、その土地の持ち主が堤の建築に反対するのは、理由のないことではない。堤の建設は控えるべきだ。ただし、農業用水は「万民の助け」である。一人の損害で堤の建設をやめてしまうのは「民をはごくむ道理」に大変反するものである。けっきょく、荒廃した田地を計測して、損害に相当する分を年貢からその土地の持ち主に補塡《ほてん》して、堤を建設するようにせよ。

ここで稙宗は、用水路の堤建設のために個人の田地が犠牲になることについて、同情を示しながらも致し方ないことであると、それを是認している。なぜならば、稙宗に言わせれば、農業用水は「万民の助け」になるものであるからで、そのために個人にある程度の犠牲を強いるのは「民をはごくむ道理」としても妥当である、という理屈だった。ここでも稙宗は、公共性の重視と、それを推進するみずからの立場を打ち出している。

稙宗に限らず戦国大名は、ただ腕力だけで人々を切り従えているわけでもなければ、守護職や朝廷官位の権威だけに拠って君臨しているわけでもなかった。混迷する社会のなかで新たな権力としてみずからの存在をアピールしようとするとき、彼らが公共利益の体現者であることを訴えるのは必要不可欠のことだった。だから、彼らはみずからの政治を推進することが、最終的には「万民の助け」となり、「万民をはごくむ」ことに繋がるのだ、ということを訴え続けなければならなかったのである。法としては不備も多々ある「塵芥集」だが、この点を揚言《ようげん》したことに、新時代の法としての意義があると言えるだろう。また、それを明文化したところに稙宗権力の真骨頂があった。

稙宗の有頂天

西山築城の四年後の天文五年四月一四日、ついに稙宗は「塵芥集」を完成させる。稙宗、時に四九歳。この日、稙宗は西山城に主だった重臣たち一二人を集め、「塵芥集」の末尾にこの内容を遵守する旨の署判を据えさせている(三八頁、図4参照)。そのなかには、城下に集住していたであろう中野宗時、峯重親、富塚仲綱らの名前もあった。いまに伝わる「塵芥集」には、四種類の写本がある。その四種類は、それぞれ内容に少なからぬ異同があり、とくに末尾の重臣の名前の順番は大きく異なっている。しかも、それぞれの写本は伊達家ではなく伊達家の家臣の家に伝来している。そうしたことから、「塵芥集」は稙宗治世に何種類も写本が作られ、そのつど稙宗は重臣たちを集めて写本に署判をさせ、それを家臣に下し与えていたと考えられている。こうしたセレモニーをともないながら、「塵芥集」は家臣たちに次々に配布されていったのである。通常、中世の法は現代の法とは異なり、大々的な公布を前提とはしていない。むしろ、支配に携わる者たちのための「司法・行政マニュアル」とでも言うべきものだった。そんななか、ここまで積極的に大名が公布の意志を示した分国法も珍しい。

しかし、それは逆から見れば、家臣たちはそのつど「塵芥集」と稙宗への服従を誓わされていたということでもある。まったく我流の分国法を作成し、ときに新たな条文の増補も行い、それを家臣に配布することで、稙宗は一人悦に入っていた。が、そうしているうちに家臣たちのあいだに彼の強権への不満が蓄積していったことに、彼はまだ気づいていない。「塵芥集」のなかには、家臣の土地売買に関する規定も少なからず見られるが、そもそも伊達領国において土地売買が活発に行われる背景には、家臣の経済的窮乏があったと考えられている。稙宗の対外侵攻にともなう軍役の賦課《ふか》や、新税制としての段銭・棟別銭の賦課は、伊達家家臣たちに土地の切り売りを迫るほどの重荷になっていたのである。

伊達天文の乱

そして破滅は、突然におとずれた。「塵芥集」制定六年後の天文一一年(一五四二)六月、稙宗は鷹狩に出かけたところを、突如、身柄を拘束され、西山城に幽閉されてしまったのである。謀反の中心人物は、なんと嫡子の晴宗《はるむね》。稙宗の強権的な諸政策に反発する晴宗と重臣たちによるクーデターであった。なかでも、その直接の契機は、稙宗が強引に推し進めようとした越後上杉家への養子送り込み策にあった。稙宗はこれを実現するため、上杉家内の反対派を圧伏しようと、越後への軍事遠征を数年にわたり繰り返していた。明らかに他国への無用な内政介入である。これにはさすがに重臣たちも愛想をつかし、彼らは新たな当主として晴宗をかついだのである。しかし、不屈の闘志をもつ稙宗は寵臣小梁川宗朝《こやながわむねとも》に助けられ、すぐに西山城を脱出。諸方へ味方を募り、晴宗とその一派への反撃を開始する。以後六年にわたる伊達家骨肉の内紛を「伊達天文の乱」もしくは「伊達洞《うつろ》の乱」と呼ぶ。

ところが、この内紛で稙宗の味方になったのは、けっきょく相馬・葦名・二階堂・田村・懸《かけ》田《た》など、稙宗の婚姻政策でつながっていた近隣の大名たちだった。たび重なる軍征と、過重な軍役・課税、そして些末な法規による束縛は、人々の心を稙宗から遠ざけてしまっていた。気づいたとき、有力家臣の多くは稙宗のもとを離れてしまっていたのである。

天文一七年八月、稙宗はついに敗北を認め、晴宗のもとへ投降する。稙宗は実権のすべてを晴宗に譲ることに同意し、みずからは屈辱を噛みしめながら、丸森城《まるもりじょう》(現在の宮城県伊具《いぐ》郡丸森町)へと隠居する。このとき稙宗、六一歳。この時代には斎藤道三《どうさん》や武田信虎《のぶとら》のように、専制支配が嵩じて家中の支持を失った大名が、わが子によって当主の座を追われるという例が多々あった。けっきょく稙宗も彼らと同じ運命をたどることになったのである。

新当主となった晴宗は、稙宗治世の象徴ともいえた西山城を破却し、本拠地を米沢《よねざわ》城へ移す。稙宗と違って晴宗は、家中の融和をとにかく最優先した。たとえば六年におよぶ伊達天文の乱で混乱した家臣の知行関係を再整理し、知行台帳として「采地下賜録《さいちかしろく》」を編纂している。しかし、一方では西山城時代からの家臣の城下集住政策は維持され、米沢城でも家臣の集住は進んでいる。結果的に晴宗時代にも伊達家の権勢は衰退するどころか、むしろ家中掌握は一段と進むことになった。そして天文の乱からわずか一〇年を経ずに、ついに晴宗は室町幕府から奥州探題に任命される。稙宗が望んでも得られなかった、あの奥州探題である。稙宗一代ではついに獲得することのできなかった栄冠は、皮肉にも天文の乱の勝者、嫡子晴宗の頭上に輝いたのである。

「わしの何がいけなかったというのか……」と、稙宗は呟《つぶや》いたかもしれない。稙宗は長い余生を丸森城で過ごし、永禄八年(一五六五)六月一九日、七八歳で死去する。曽孫の〝独眼竜〟政宗が誕生するのは、この二年後のことである。後年、政宗は、会うことのなかった曽祖父稙宗のことを「長年、恩賞も与えず、家中ではみなが恐怖心をもち、恨みを抱かない者はいなかった」と評している(木村宇《う》右《え》衛門《もん》覚書)。江戸時代になって伊達家の歴代当主を描いた「伊達家歴代画真」でも、稙宗像は武装をして、ひときわ厳《いか》つい姿で描かれている(三五頁、図2参照)。稙宗は伊達家のなかでは、圧政を敷き家臣の支持を失った〝暴君〟とされ、忌み嫌われる存在として後代に語り伝えられたようである。

稙宗の失脚とともに「塵芥集」も、その使命を終える。そもそも「塵芥集」については、稙宗の熱心な公布活動にもかかわらず、それが機能していた証拠や適用された判例などはいっさい確認できない。稙宗が一生懸命ルール化しようとした生口制も、実際にちゃんと運用されたかどうかは何一つわからないのである。しかも、天文の乱が起こったのは「塵芥集」制定のわずか六年後である。だから、かりに「塵芥集」が機能していたとしても、それは稙宗治世末期のたった六年の期間に過ぎなかったことになる。その後も歴代の伊達家の当主の施政や近世仙台藩の法制に、「塵芥集」の規定が踏襲された痕跡はまったくない。〝暴君〟稙宗が編纂した

「塵芥集」は、彼の悪名とともに伊達家の歴史から完全に葬り去られてしまったのである。

稙宗の夢のあと

「塵芥集」が再び陽の目を見ることになるのは、それからおよそ一〇〇年後――。仙台藩第四代藩主、伊達綱村《つなむら》(一六五九～一七一九)によってであった。

綱村は、歌舞伎「伽羅先代萩《めいぼくせんだいはぎ》」で毒殺されかかる鶴千代のモデルとなった人物である。幼少期にお家騒動(寛文《かんぶん》伊達騒動〈一六六〇～七一〉)に巻き込まれたという過酷な経歴もあって、彼は藩主としての正統性を過度に意識し、文教政策、とくに『伊達出自・正統世次考《よつぎ》』や『伊達治家記録《じけ》』など藩史の編纂に心血を注ぐ人物だった。そんな綱村が、藩史の編纂のために家臣たちから徴収した古文書のなかから見出した長大な仮名書きの文献こそ、「塵芥集」であった。

それが稙宗の定めた分国法であることを見抜いた綱村は、延宝《えんぽう》七年(一六七九)一二月一日、「塵芥集」の末尾に伊達家一三代稙宗の制定法であることを明記したうえで、「重宝の書たるべきなり」と一筆を加え、みずから署判を据えている。それが、いまに伝わる「塵芥集」の最善本、村田本(仙台市博物館所蔵、三七頁図3参照)である。

しかし、同じ頃、綱村は江戸幕府の儒官 林 春斎《はやししゅんさい》に宛てた書簡のなかで、「わが家の家紋(=

竹に雀）と上杉家の家紋は、なぜ同じなのでしょうか？　わが家と上杉家はむかし親戚だったのでしょうか？」という問い合わせを行っている。すでに稙宗の政治生命を奪うことになった上杉家への養子送り込み策と、それへの返礼としての家紋の下賜の逸話は遠い過去のものとなり、伊達家のなかでも〝竹に雀〟の真の所縁《ゆかり》を知る者は誰一人いなくなっていたのである。

第三章　六角承禎・義治と「六角氏式目」

——戦国大名の存在理由——

石垣と楽市の先進性

次は西国に目を転じて、湖国の名門、六角承禎《じょうてい》(義賢《よしかた》。一五二一～九八)・義治《よしはる》(義弼《よしすけ》。一五四五～一六一二)父子の定めた分国法「六角氏式目」を見てみよう。

六角氏は近江源氏(佐々木氏)の嫡流で、室町時代は近江国(現在の滋賀県)守護となり、近江国南部を支配した(北部は同じ佐々木一族の京極《きょうごく》氏が支配した)。「六角」という少し変わった名は、その京都の邸宅が六角堂(現在の京都市中京区の頂法寺《ちょうほう》)のそばにあったことに由来する。

六角氏は、室町時代には幕府に叛逆し二度にわたる追討をうけたが、二度ともそれを退け(第一・二次六角征伐)、逆に京都を追われた一二代将軍義晴《よしはる》を庇護することすらあった。そのため戦国時代には、京都を中心とした政局でキャスティングボートを握る存在にまでなっていた。

その支配の象徴とも言えるのが、滋賀県近江八幡市にある標高約四三三メートルの繖山《きぬがさやま》である。すぐ隣の山は後に織田信長が安土《あづち》城を建設することになる安土山だが、繖山はその二倍以上の標高をもち、いまでも登れば南近江を一望できる景勝地である。六角氏は、ここ繖山に観《かん》音《のんじ》寺城を建設し、居城とした(図7)。観音寺城跡には、いまでこそ桑実寺《くわのみでら》本堂を除いて当時の

図7　観音寺城跡
(著者撮影)
(上)遠景
(下)城内の石垣

建物は何一つ残っていない。しかし、山内には一〇〇〇を超える郭跡が確認され、その多くが当時の城郭建築ではまだ一般的でなかった石垣で取り巻かれていることなどから、最新技術を駆使した大規模城塞であったことが明らかにされている。たしかに観音寺城跡に登ると、山の斜面のあちこちが細かく削平されており、まるで分譲団地のように山内のあちこちに家臣住居が乱立していたことがよくわかる。

かつては、観音寺城は「本丸」とされる六角氏当主の居住エリアが、他の郭と比べて高低差の点でも、配置プランの点でも優越した位地にないことから、六角氏の家臣統制の緩さが城郭遺構に現れていると評されることもあった。しかし、最新の研究では、現在、「本丸」や家臣の名をつけた「平井丸」「伊庭《いば》丸」などと伝えられる地名は後世のもので、なおかつ中心部の観音正寺《かんのんしょうじ》付近は江戸時代に変造されてもいることから、そうした評価は当たらないとされている。むしろ、最新の石垣技術を投入して全山を要塞化し、そこに家臣たちを集住させた先進性こそが観音寺城の場合、際立っている。

天文五年(一五三六)頃に書かれた文書には、すでにこの時期、観音寺城に「御石垣」があったことが記されている(金剛輪寺《こんごうりんじ》文書)。また天文一三年(一五四四)一〇月、観音寺城を訪れたある連歌師《れんがし》は、山上の「二階」の「座敷」に通され、そこには数寄《すき》をこらした茶道具の名物が並び、その眺望は遠く大和・河内・伊賀・伊勢の山々まで見渡せるものだったと語っている(宗牧《そうぼく》『東国紀行』)。すでにこの時期には、最新鋭の城塞としての観音寺城は、その巨大な姿を湖畔に現わしていたのである。

さらに天文一八年(一五四九)には、六角氏は城下石寺《いしでら》の振興を目的に楽市《らくいち》令を発し、自由交易の許可まで行っている(今堀日吉《いまぼりひよし》神社文書)。楽市令といえば織田信長が有名だが、六角氏の楽市令は信長の美濃《みの》国加納《かのう》の楽市令よりも一八年も先んじており、わが国の楽市令の初見とされている。石垣造りの観音寺城といい楽市令といい、畿内に接する近江に拠点を置き、幕府政治にも隠然たる影響力をもった六角氏は、これまで見てきた結城氏や伊達氏に比べても、先進的な性格をもつ大名だったことがわかるだろう。

先進地域の分国法

その六角氏のもつ先進性は、分国法「六角氏式目」にも反映されている。「六角氏式目」は永禄一〇年(一五六七)四月に制定された。例によって、まずはその全六七条の構成を見てみよう。

1条　神事・仏事	2～5条　戦後処理法	6～9条　寺領問題
10・11条　不動産売買法	12・13条　自力救済規制	14～24条　年貢収納法
25条　出家した侍の処遇	26～29条　訴訟手続き法	30～32条　重犯罪法
33～40条　大名権の制約	41・42条　文書偽造	43条　盗品売買
44条　賭博	45条　主従関係法	46～49条　家族関係法
50～56条　債権回収法	57・58条　与力《よりき》・寺庵の法的地位	
59～62条　闕所《けっしょ》手続き法	63・64条　訴訟費用	65～67条　内奏の禁止

一見して、「結城氏新法度」や「塵芥集」よりも整った構成をしていることがわかるのではないだろうか。内容面でも、実際に起きたトラブルの判例をそのまま載せてしまったような不熟な記述はない。全体としては、検断沙汰(刑事)関係の法が少なく、所務沙汰(年貢収納)に関する法や、訴訟手続きに関する法が多いことが特徴としてあげられる。

なかでも、当時の近江国は国内でも有数の商業先進地域であったため、「六角氏式目」にもそれが反映された立法がいくつか見られる。たとえば、43条には盗品売買に関する法が見える。伊達氏の「塵芥集」170条などでは、盗品の売買が確認された場合、まず売り主に盗みの疑いが及ぶことになるが、売り主が誰から購入したかを明言できた場合は免責されるという規定になっている。つまり、伊達領では盗品の売買が確認された場合は、まず売り主がその犯行を疑われ、その嫌疑を晴らしたければ、売り主はみずからの力で、その品物が正当な売買によって入手されたものであることを証明しなければならなかったのである。似たような法は、周防大内氏の「大内氏掟書」12条にも見られる。これは、さほど特殊な対応ではなく、「疑わしきは罰する」という中世社会では一般的な発想にもとづいた措置と言えるだろう。

ところが、これに対し「六角氏式目」43条では、元の持ち主が売買されている盗品を見つけたとき、それを返してもらいたければ、みずからの力で犯人を捕縛するなどして、犯罪事実を証明しなければならないと定められている。つまり、六角氏の場合、売り主に嫌疑が及ぶことはなく、むしろ伊達氏の場合とは逆に、犯罪事実の証明義務(挙証《きょしょう》責任)は元の持ち主に課せられているのである。どちらにしても、この時代の刑事事件処理の当事者主義的な性格を示していると言えるだろう。ただ、現実には元の持ち主が犯罪事実を証明するのは、売り主が購入経緯を証明するのに比べれば、かなりの難事業だったに違いない。この六角氏の姿勢は、いったいどこからくるものなのだろうか。

そもそも売り主の立場からすれば、盗品売買の疑惑が浮かぶたびに自分に嫌疑が及んでいたのでは、怖くて商売などやっていられない。彼らは安い値で商売物が仕入れられるのが第一で、それの出処がどこであろうと知ったことではない。また、そんなことで商人たちの商売が滞ってしまったら、それはそれで大名としても困る。そこで六角氏は、あえて挙証責任を元の持ち主に求めることで、そうした売り主たちを保護しようとしたようである。楽市令を出すなどして領内の経済振興に意を用いていた六角氏らしい対応と言えるだろう。ちなみにこうした対応は六角氏に限らず、この後、織田信長の安土城下の楽市令や蒲生賦秀《がもうやすひで》(氏郷《うじさと》)の近江日野、羽柴秀次の近江八幡の都市法などにも受け継がれている。これらは、盗品が売買されるリスクよりも、商業取引が円滑に行われることを最優先する近江国の土地柄に由来するものと考えられる。

ちなみに、さきに「塵芥集」に下人に関する規定が多いことをもとに、奥州の農業開発の実態を推測したが、それとの関連でいえば、「六角氏式目」には逆に下人の帰属をめぐる規定が一切見られないことも注目される。これも決して偶然ではなく、当時の江南地域の農業が、多くの下人に頼った大規模経営の段階にはなく、すでにある程度自立した小規模農民の経営によって支えられていたことの反映なのだろう。このように「六角氏式目」の内容からも、江南地域の農業や商業の発展の度合いを推測することが可能となる。分国法からは、その大名領国ごとの地域性や個性を見ることもできるのである。

異形の分国法

ところが、この「六角氏式目」は、その成立に、はなはだ異様な経緯があった。「六角氏式目」は原本が伝わっていないが、現在、伝わる写本には、いずれもその末尾に以下のような二通の起請文《きしょうもん》(神仏への宣誓書)の内容が書き写されている。

(A)敬白天罰霊社上巻起請文前書事《けいびゃくてんばつりょうしゃじょうがんきしょうもんまえがきのこと》

一、厳正な御法度については、ご指示をうけて、拙い内容を書き出して、お見せ申し上げましたところ、お受け入れくだされ、すぐに起請文を認められ、ご制定なされたことは、まったく恐れ多いことです。このうえは、条文内容には永遠に違犯いたしません。なお、これ以外に書き加えるべき事柄が生じたときは、家臣たちみなにご提案されたうえでお書き加えください。

（四カ条省略）

右の条々に、もし虚偽がありましたならば、霊社上巻起請文の罰を深く厚くこうむっても構いません。誓約内容は上記のとおりです。

永禄拾年四月十八日

鬮《くじ》次第

三上越後守　恒安　判

後藤喜三郎　高安

（以下一八名省略）

布施淡路入道（公雄）殿

狛丹後守（定）殿

(B) 敬白天罰霊社上巻起請文前書の事

一、国中の法度をこのたび制定した以上、今後も永遠にこれに相違することはない。このほかに新たに書き加えるべき条文があるならば、再度みなみなに相談をしたうえで追加することとする。

（二カ条省略）

右の条々に偽りがあれば、この霊社上巻起請文の天罰をこうむっても構わない。誓約内容は上記のとおりである。

永禄拾年四月十八日　承禎　御判《ごはん》

義治　御判

みなみなへ

(A)は六角家の家臣たち二〇名が大名当主側近である二人に宛てることで、実質的に大名当主に差し出した起請文、(B)は六角家の現当主の義治と、その父で前当主の承禎が家臣一同に宛てて差し出した起請文、である。どちらも「六角氏式目」を遵守することを相手に対して誓約しているので、この起請文は二通で一対になっていることがわかる。とくに(A)の家臣たちの署判の前に「鬮次第」と書かれているのは、この署判の順番はくじ引きで決まったもので、家臣間の序列を表わしたものではない、という断り書きである。彼らのなかの誰か特定のリーダーによって彼らが組織されたわけではなく、あくまで横並びの対等な関係にある家臣たち一人ひとりが自発的にこの起請文に名を連ねていることをアピールしているわけだ。

しかし、ここで驚くべきは(A)に書かれた内容である。それによれば、この「六角氏式目」は大名当主の指示を受けた家臣たちが原案を起草して、それに大名当主父子が承認を与えて成立したものだ、というのだ。だから二通の起請文は、その家臣団と当主の共同作業で成立した法典の遵守《じゅんしゅ》をお互いに誓い合ったもの、ということになる。家臣団が書いた原案を当主が承認して成立する分国法――。似たような成立経緯をもつ分国法としては、ほかに肥後《ひご》国人吉《ひとよし》の「相良氏法度」(このうち為続《ためつぐ》・長毎《ながつね》法度)もあるが、そうした成立経緯をたどったために、「六角氏式目」には、大名当主よりも家臣団の意向が強く盛り込まれることとなった。

大名を縛る法

「六角氏式目」の37条から40条までの各条文を見てみよう。

［37］審理を行わずに一方的に御判や奉書《ほうしょ》を発給なさってはならない。

［38］代々の御判や奉書は変更なさってはならない。江雲寺殿《ごううんじどの》（＝先々代当主の六角定頼）の御成敗も改められてはならない。ただし（代々の措置であったとしても）不当な行為は今後の規範として準拠なさってはならない。

［39］荘園の段銭は今後も先例どおりにお命じになられよ。それに準じて国中の臨時の雑税も、つねに土民《どみん》百姓らへの憐れみをお忘れなく賦課なされるように。

［40］竹木がご必要になって伐採なされるときは、その土地に不当な損失をお与えにならないように。同じくご必要のない竹木を奉行が勝手に書きあげて、賄賂をとってお目こぼしをするような場合は、御成敗なされよ。


この四つの条文は、いずれも大名当主がわがまま勝手に命令を出したり、課税を行うことを禁じた内容となっている。しかも「つねに土民百姓らへの憐れみをお忘れなく賦課なされるように」というようなお節介な文章には、当主の行動に対してそのまま敬語が使われており、明らかに家臣たちによって書かれたものであることがわかる。つまり、これらは、家臣たちが当主の恣意的な行動を規制する目的で作成された条文と言えるだろう。

そのほかにも、33条では諸公事《くじ》の免除地の変更はしない、34条では地域ごとの先例は変更しない、35条では以前から賦課されていない諸役・夫役《ぶやく》等は新たに賦課しない、36条では以前から賦課されている諸役・夫役等が理由なく中断された場合は、先例どおりに遵守を命じる、といった内容が記されている。いずれも、大名当主を従来どおりの先例で縛って、好き勝手な賦課などを行わせないことを狙った条文と言える。

そもそも分国法というのは、一般的には大名当主が家臣や領民を支配するために様々なルールを取り決めたものである。そのなかで「結城氏新法度」のように、大名当主が規制の対象となることもありえた。ところが、「六角氏式目」の場合は、家臣が大名当主の行動を縛るための条文がこんなにも多数確認でき、その反対に家臣たちを縛る条文はわずかしか確認できないのである。なぜこんな異形の分国法が生まれてしまったのだろうか？　この謎を考えるには、この「六角氏式目」が誕生する背景を遡ってみていく必要がありそうだ。

父子二重権力

「六角氏式目」制定時に六角家を実質的に主導していたのは、六角承禎(義賢)である。彼は天文二一年(一五五二)正月、父定頼の死により、三二歳で家督を相続する。先代定頼の時代より、六角氏は一二代将軍義晴・一三代将軍義輝《よしてる》を支援して三好長慶《ながよし》と対立するなど、京都の政局に深く関与していた。そうした姿勢は承禎の代にも受け継がれ、三好氏とは定頼の死の直後、一旦和議が結ばれたものの、すぐに破局し、その後も敵対関係が続いていた。

しかし、それでも定頼時代は中央政治だけに関心を寄せていればよかったのだが、承禎の代になると、京都以外の周囲の地域にも戦雲が拡大する。まず江北《ごうほく》では、京極氏にかわり浅井《あざい》氏が実権を掌握し、戦国大名化を遂げ、六角氏に対抗する動きを見せる。

また、この頃、隣国美濃では斎藤道三が守護土岐《とき》頼芸《よりなり》を追放し「国盗《くにと》り」を成し遂げていた。承禎はこのとき道三から追放され零落していた土岐頼芸を領内に受け入れている。彼は名門の血をひく家柄として、下剋上を体現したような道三の専横を決して許すことはできなかったのだろう。これにより、六角氏は東の美濃斎藤氏とも敵対的な関係に陥る。

ところが、弘治三年(一五五七)末、承禎は何を思ったのか、三七歳の若さで出家し、名を義賢から承禎と改め、家督をまだ若い一三歳の義治(当時の名は義弼)に譲ってしまう。ただ、承禎はその後も政治的な活動は続けているので、おそらくこれはかたちだけの出家であり、まだまだ彼も完全に政務から引退する気はなかったようだ。しかし、周囲に敵を抱える情勢で、名目上の当主と実質上の当主が併存するという二重権力状態が生まれたことは、その後に大きな禍根を残すこととなる。

江北では、浅井久政《ひさまさ》が敗戦以来、六角氏に服属する姿勢を示していたが、家臣たちのあいだには反六角の気運が燻《くす》ぶり続けていた。そして、ついに永禄二年（一五五九）、反六角の急先鋒であった嫡男賢政《かたまさ》が家臣とともに久政を引退に追い込む。そもそも賢政の名は承禎の実名《じつみょう》義賢の一文字をもらいうけたもので、彼自身、六角氏の重臣平井氏の娘を娶《めと》っていたが、ここにきて妻を離縁、「賢」の字を返上し、浅井長政を名乗り、自立を宣言する。これにより六角氏は京の三好、美濃の斎藤、江北の浅井とも敵対関係に陥り、ほぼ周囲を敵に囲まれることになってしまう。

そうしたなか永禄三年（一五六〇）七月、承禎と当主義治の政治路線の対立が顕在化する。四面楚歌の状況を打開するべく、義治は斎藤道三の跡を継いだ斎藤義龍《よしたつ》との同盟を模索するが、これが承禎の耳に入って、彼を激怒させてしまう。恐懼《きょうく》した義治は観音寺城の山上の郭に退き、逼塞《ひっそく》してしまう。まだ一六歳だった義治に十分な政治判断ができるはずがないので、その背後には取り巻きの家臣たちの意向があったことは明らかだ。そこで承禎は家臣たちに宛てて、「土岐殿は当家と親戚であり、高頼《たかより》公の妻室に始まって代々縁戚関係を結んできたことは、都でも田舎でも周知のところである」「もし父承禎に弓を引き矢を放つ気があるなら、好きなようにしてみろ」という激烈な詰問状を送りつける(春日匠氏所蔵文書)。

なお、この文書のなかで、承禎は斎藤家がいかに血筋の卑しい家であるかを憎しみをこめて縷々《るる》述べているが、そのなかで道三の父は流れ者で美濃に流寓した者であったと説明している。ながく小説や歴史書などで道三の素性は油売りだったとされてきたが、近年では、この文書の発見によって、流れ者だったのは道三の父親のほうで、「国盗り」は父子二代にわたって行われたものであることが明らかにされている。

この承禎の猛抗議により斎藤家との同盟は流れたが、ここには当時の六角氏権力が孕《はら》む重大な問題が影を落としている。つまり、四面楚歌の政治情勢を打開して隣国と関係改善を図ろうとする場合、現実に敵対する勢力のうちどこと連携するかは、様々な可能性がありえた。その多様な選択肢のなかでどれか一つを選ぼうとするとき、承禎と義治の二重権力であったことが、結果的に抜本的な選択をすることを鈍らせてしまっているのである。とくに今回の場合、下剋上の権化のような斎藤氏を激しく憎悪する承禎の名門意識が完全に裏目に出ていると言えるだろう。そのため六角氏は斬新な打開策を取れないまま、無為な時間を浪費することになった。

日本版マグナ・カルタ

そんななか永禄六年(一五六三)一〇月、突如、若い義治が重臣の後藤賢豊《かたとよ》父子を観音寺城内で斬殺するという事件が起こる。事件の直接原因は不明だが、当主としての自覚をもちはじめた義治にとって、有力家臣であった後藤氏が目障りになってきたというのが背景だろう。ところが、この粛清は完全に裏目に出る。若い主君に理不尽に仲間を誅殺されたことで家臣たちの怒りは爆発し、彼らは大挙して観音寺城にあった館に火を放ち、六角氏に公然と叛逆の意志を表わしたのである。このとき叛逆した者たちは、永田・三上・池田・進藤・平井と、いずれも六角家の柱石ともいうべき主要な家臣たちである。やがて彼らは一致団結して観音寺城に攻め寄せる。

押し寄せる家臣たちの軍の前に、承禎・義治父子はなすすべもなく、とうとう観音寺城を捨てて逃走する。このとき贅《ぜい》を極めた観音寺城とその城下は炎に包まれ、承禎は三雲《みくも》館に、義治は蒲生氏の日野城に匿《かくま》われる。「観音寺騒動」と呼ばれる事件である。けっきょく蒲生定秀《さだひで》のとりなしで六角父子は家臣団と和議を結び、観音寺城へ帰還を果たすことになるが、いちど地に堕ちた当主の威信は容易に取り戻すことはできなかった。

観音寺騒動からわずか五年後の永禄一一年(一五六八)九月、足利義昭《よしあき》を奉じて上洛しようとする織田信長は、その途中、近江で六角氏と衝突する。ところが、勢いに乗った信長軍の猛攻の前に、支城である箕作城《みつくり》はわずか一日で陥落してしまう。そのことを知った観音寺城内はたちまちパニックになり、六角父子はついに城を捨てて伊賀国へ逃亡する。かくして観音寺城は戦闘らしい戦闘もなく信長の手に落ち、戦国大名六角氏の領国はあっけなく崩壊。このとき、六角氏の有力家臣のうち、後藤・永田・進藤・永原・池田・平井・九里《くのり》・山岡など、そのほとんどがすでに織田方に内応していたという。六角氏権力は、信長の侵攻を待つまでもなく、すでに自壊していたのである。ちなみに、承禎はこのあと諸国を流浪し、最後は豊臣秀吉の御伽《おとぎ》衆《しゅう》となって、慶長三年(一五九八)七八歳で没する。義治は、その後慶長一七年(一六一二)まで生きて、六八歳で没する。名門を誇った近江源氏嫡流の、じつにうら寂しい終焉である。

さて、「六角氏式目」が成立したのは、観音寺騒動の四年後、六角氏滅亡のわずか一年前のことである。つまり「六角氏式目」は決して六角氏の権力基盤が盤石ななかで制定されたものではなく、むしろ「結城氏新法度」と同じく、大名権力が不安定さを増すなかで制定された法典だったのである。

そうした経緯を踏まえて考えれば、「六角氏式目」のなかに、家臣たちが当主父子の専横を戒めるかのような条文が多数見えるのも納得がいくだろう。当主父子と家臣団が絶望的な対立を経験してしまった後、「六角氏式目」は両者が新たな関係を構築するための誓約書であり、家臣たちから当主父子に突き付けられた合意条件だったのである。さきの家臣たちの起請文(A)によれば、この分国法は最初に六角氏当主からの原案作成の指示をうけて、家臣たちによって作られたとされている。しかし、この作成にいたる経緯と内容を考えれば、じつは当主からの作成指示など本当はなかったのかもしれない。実際の「六角氏式目」は家臣たちから独自に提起されたもので、六角父子はその内容に不承不承合意したのではないのだろうか。しかし、まさかそうした経緯を書き残すわけにもいかず、形式的には当主の意向にもとづいて起草されたという方便が書き記されたのかもしれない。

一二一五年、イギリスで、悪政を続けるジョン王に対して封建貴族たちが六三カ条にわたる諸要求を突き付け、その遵守を誓約させるという世界史上、たいへん有名な事件が起きる。これが現在もイギリス憲法の一部とされる「マグナ・カルタ(大憲章)」である。「六角氏式目」はその成立経緯が他に類をみない特殊な分国法であるが、もしほかに類似の成立経緯の法典を探すならば、しいて言えば、このマグナ・カルタが最も似ているかもしれない(脇田晴子氏の指摘による)。暗愚な当主父子に突き付けた家臣たちの日本版マグナ・カルタ。これが「六角氏式目」だったのである。

「徳政」としての分国法

なお、この「六角氏式目」制定の翌月である永禄一〇年五月、領内では早速、蘆浦《あしうら》安国寺質流れ相論と呼ばれる家臣同士の債務トラブルが起きている（蘆浦観音寺文書）。この関連文書をよく読んでみると、この直前に六角氏が借金を帳消しにする徳政《とくせい》令を出していたことがわかる。中世日本の公権力は、為政者の代替わりや大きな災異があったときに、人心一新を企図して、債務破棄や仏神事再興のための「徳政」を行うことになっていた。そこからすると、どうも六角氏は当主と家臣の関係修復の誓約書である「六角氏式目」の制定を、新たな時代のスタートと認識し、その制定の直後に徳政令を発することで、分国法制定を「徳政」の一環と位置づけていたようである。当主と家臣の合意形成であった「六角氏式目」は、その制定自体が「徳政」だったのである。これには戦国大名の自意識としても興味深いものがある。

ところが、その徳政令がかえって家臣同士の債務トラブルを生み出してしまい、今回の蘆浦安国寺質流れ相論では、六角氏のもとに双方から紛争裁定の要求が寄せられることになってしまったのである。注目されるのは、このとき当事者の一人が六角父子に対して述べた、次のような言葉である。

このたび御置目《おきめ》(＝「六角氏式目」)を守る旨を起請文にお誓いになられた以上は、(当主父子が)双方の訴状をよくお読みになって、理非を判断してくだされば、互いの恨みや不満も無くなりましょう。

つまり、当主父子が「六角氏式目」を守ると誓った以上は、ちゃんと家臣たちの紛争を裁いてくれなければ困る、というのが彼らの言い分なのである。「六角氏式目」を遵守すると起請文に誓約したのは、制定時一回かぎりの形式的なことだったのではなく、こうしてその後々までも家臣たちから引き合いに出されるものだったのである。このとき承禎四七歳、義治二三歳。六角氏が背負うことになった十字架は、まことに重いものであった。

抵抗する民衆

ところで、読者はここで一つ疑問が浮かぶのではないだろうか。なぜ家臣たちはそこまでして六角父子を支え続けたのだろうか？　そこまで資質に問題がある当主だったならば、下剋上を起こして、彼らを当主の座から引きずり降ろして、誰か別の人物を当主として推戴《すいたい》したほうが、細々《こまごま》とした分国法を作って当主を縛るよりも、よほど効率的で安全だったのではないだろうか。暗愚であったとしても、彼らが大名のもとに結集するメリットはどこにあったのだろうか？ これは戦国大名が何のために存在するのか、という根源的な問題にも関わる疑問と言えるだろう。

そうした疑問を考えるとき、すでに指摘したように「六角氏式目」に所務(年貢収納)関係と訴訟手続き関係の法が多いという点が良いヒントになるかもしれない。たとえば、年貢収納に関しては22〜24条に以下のような条文がある。

[22] 年貢や上納物を滞納し、取り立ての使いを拒もうとして、村の口々を封鎖して、対面におよばない村々は、とんでもない違法行為であることは明らかであるから、武力攻撃を行うか、罰金を賦課なされよ。荘園や村ぐるみの行動ではなくとも、名主や百姓が門戸を閉ざすようなことがあったら、厳しく処罰なさるべきである。

[23] 年貢などを滞納した百姓が取り立ての使いを拒もうとして、自分の家を空けて、他人の家に仮住まいして、田畠の作物だけは刈り入れようとする。そのような者たちは、どこであろうと隠れた家に取り立てを行うべきである。また道路を往来しているところを目撃したら、その場で所持している物品を年貢相当分まで何度でも没収する。ただし、その

百姓を召し使っている主人や、世話をしている亭主に対しては、取り立ての前に一応その旨を報告しておくこと。
［24］年貢等を滞納して、土地を返上するなどと申す百姓の耕作権について。荘園や村で申し合わせて田畠を荒廃させようという企みは許しがたく悪質なものなので、速やかに処罰をお加えになるべきである。しかし、以前から負担している年貢等のほかに、（領主・代官が）収納高を勝手に増加させたり、新たな賦課をかけていると百姓たちから報告があった場合は、真偽を究明して、（領主・代官の）不当な職務を停止なされよ。

この三条には、いずれも領主の年貢の取り立てを拒む村々に対する処罰が記されている。これらの条文を読むと、当時の村々は「村の口々を封鎖して、対面におよばない」［22］、「自分の家を空け」る［23］、「土地を返上する」［24］など、じつに多様な形態で年貢を取り立てようとする領主たちに抵抗を示していたことがわかる。

かつての研究では、中世の領主と百姓の関係は百姓が領主に一方的にこき使われる隷属関係だと考えられてきた。ところが、近年の研究では、領主と百姓の関係は貢納と保護のギブ・アンド・テイクで結ばれた一種の契約関係であったことが明らかにされている。だから、領主が理不尽に過重な負担を強いたり、飢饉や戦乱などの非常時に際して保護責任を果たせなかった場合には、中世の百姓は躊躇《ためら》わずその契約関係の解除を申し入れることができたのである。24条で言っている「土地を返上する」というのは、まさにその百姓から領主への絶縁宣告である。

あるいは、そこまでいかなくとも23条にあるように、「自分の家を空けて」耕作活動を放棄し、今でいうストライキをする者たちもあった。このストライキを当時は「逃散《ちょうさん》」と呼んだが、これもれっきとした合法行為で、領主といえども、これをむやみに弾圧することはできなかった。ただし、逃散した場合は、その期間はいっさい農作物に手をつけてはならない、というのが決まりとなっていた。とはいえ、まったく手をつけないでいると農作物は立ち枯れてしまい、そうなると領主も百姓もたいへん困る事態となってしまう。だから百姓たちとしては、早めの交渉妥結を望みもするわけだが、たまにそれを待ちきれずに密かに田畠に舞い戻って耕作を継続する者もいた。23条で「他人の家に仮住まいして、田畠の作物だけは刈り入れようとする」百姓が非難されているのは、逃散と称しながら、実際は逃散の態をなしていない違法な逃散だからである。逆に言えば、そうした逸脱行為さえなければ、当時の社会常識として、六角氏といえども逃散自体を取り締まることは不可能だったのである。

手ごわい村々

「六角氏式目」では22条から24条にかけて、交渉拒絶→ストライキ→支配-被支配関係の解消と、次第に百姓の抵抗の度合いが過激になっているが、実際の百姓の抵抗でも、いきなり絶縁宣言にいたることはほとんどなく、そこにいたるまでに様々に巧みな交渉戦略が採られていたのである。

しかも、いずれの条文でも問題になっているのは、そうした抵抗活動を百姓は個人個人で行っているわけではなく、村単位で集団的に行っているという点にあった(23条でも、逃散した者を仲間が自分の家のなかに密かに匿っているわけだから、単独行動による抵抗でなかったことは明らかである)。近江国は、室町～戦国期にいわゆる「惣村《そうそん》」と呼ばれる自治村落が日本列島で最も発達した地域として知られている。隣村と熾烈な村争いを展開した北近江の菅浦《すがのうら》や、活発な商業活動を展開した得珍保《とくちんのほ》(今堀《いまぼり》)などは、自治的な活動を知ることのできる大量の村落文書をいまに伝え、日本史教科書などでもよくその名前が登場する。

六角氏権力の傘下にあった家臣たちは、一方で地元では、こうした強力な結束力と自立性をもった村々と対峙しなければならなかったのである。すこし年貢を重くすれば、「家を空ける」とか「土地を返上する」と言って領主を脅しにかかる村々の存在は、彼らにとって忌々しいものであったに違いない。しかし、そんな強《したた》かな村々を手なずけ、年貢を徴収するには、もはや彼らの力だけでは限界があった。そこで彼らはより強力な大名権力にすがったのだろう。「六角氏式目」には、様々なかたちで年貢納入を拒む村々を弾圧する規定が見られるが、村々の年貢滞納にここまで強硬な対応を詳細に規定した分国法はほかに見あたらない。個々の家臣たちだけでは対応不可能だった、こうした深刻な課題に大名家ぐるみで対処し、共同利益を実現しようとした点に、まさに大名権力の存在理由があったと言えるだろう。凡愚であろうと何であろうと、家臣たちにとって大名はなくてはならない存在だったのである。

自力救済から裁判へ

じつはもう一つ、家臣たちが大名権力に求めていたものがあった。それは、「六角氏式目」のもう一つの特徴である訴訟手続き法の多さとも関わる問題であるが、公正な裁判権者としての役割だった。

すでに何度も述べてきたように、戦国時代は自力救済の社会だった。奪われた自分の権利は自力で回復することが求められた社会である。そのために、当然ながら報復の嵐が吹き荒れることにもなった。ところが、12条には次のような規定が見える。

［12］喧嘩・闘諍《とうじょう》・殴打・刃傷・殺害について。たとえ父が殺され子が殺されたとしても、謹んで我慢をし(六角氏に)訴え出るように。(六角氏は)その罪にもとづいて速やかに処罰を下されなければならない。しかし、それをせずに、あるいは報復におよび、あるいは武装をして攻めかかり、法に背く者は(たとえ被害者側であったとしても)逆にその者の側に過失がある。

私的な復讐はどんなことがあっても行わず、とにかく六角氏の法廷へ訴え出る。もしそれに従わず実力行使におよんだ場合は、問答無用で処罰されても構わない。こうした規定がほかならぬ家臣たちが起草した法典のなかに顔を出しているのである。つまり、家臣たちにしても、絶え間ない報復の連鎖はどこかで断ち切らなければならないという自覚はあったのだろう。そのためには、自力救済に代わる紛争解決の手段として、六角氏の法廷が必要とされていたのである。

さらに4条には、こんな規定も見える。

［4］他人の支配地を占拠するのは、これ以上ない秩序侵犯である。早く元の領主に土地を返還すべきである。それを渋るようなら、（六角氏から）督促をなされたい。それでも納得しないのなら、征伐をなさると命じられよ。（そのときは）みな一致団結して参加するべきである。そうなれば、たとえ侵犯者が関係者や親戚など見過ごせない者たちであったとしても、少しも支援してはならない。また元の領主に恨みや不満があったとしても、その遺恨は捨てて、悪人の征伐に力を尽くすように。

ここでは、他人の領地を侵犯する者に対して大名が征伐を加える場合、家臣たちが異を唱えないことが取り決められている。しかし、結城政勝が、家臣たちが「サギをカラスと言いくるめる」と言って歎いていたことを思い出してほしい。現実には家臣たちは様々な利害関係のなかで生きており、時には非があることが明らかであっても、知人や縁者であればその肩をもつことがありえた。ところが、この「六角氏式目」では、ほかならぬ家臣たち自身がたとえ知人・縁者であっても秩序侵犯者の側に肩入れせず、大名の判断に従うという自己抑制を誓っているのだ。秩序を維持するためには、時には私的なコネを断ち切るリスクも背負わなければならないということも、彼らは十分に承知していたのである。

さらに言えば、自力救済の主体は、武士たちだけではなかった。13条では「野・山・用水路は、先例にもとづいて管理する。ただし、荘園ぐるみ村ぐるみで戦闘におよんだ場合は、実行者の名前を自白してきたとしても、決してお聞き入れになってはならない。荘園ぐるみ村ぐるみで、その罪を負わせるべきである」と、荘園同士や村同士の争いに対して厳しい態度が示されている。この時代、荘園や村も自力救済の主体であった。

訴訟手続き法

このように支配者（家臣）、被支配者（荘園・村）を問わず、当時、当たり前のように行われていた自力救済を規制することが、大名権力に求められていたのである。そして自力救済を規制する以上、それに代わるものとして、裁判制度の整備は急務であった。「六角氏式目」では、家臣たちや村々から土地や用益をめぐる訴訟が起こされた場合、争奪の的となっている場所をいったん六角氏が預かるという措置が取り決められている。このときは「御押さえの奉書」と呼ばれる専用の文書が発給されることになっていた[26]。また、緊急性の高い訴訟の場合は、被告側の主張を聞かずに原告の主張だけにもとづいて権利回復を図ることもありえた（現代の裁判所の仮処分手続きを想起してもらえればよいだろう）。しかし、原告の主張がまったくの虚偽であった場合を警戒して、「六角氏式目」では被告側に異議申し立ての期間も設定している。こうした異議申し立て手続きを「六角氏式目」は「立符《たてふ》」という用語で呼んでいる［54〜56］。

あるいは63条には、訴訟銭と呼ばれる六角氏独特の訴訟ルールも定められている。

［63］訴訟を提起した場合、訴訟銭として一貫二〇〇文ずつ、原告・被告双方が訴状に添えて奉行所に提出するように。御裁決があって、正否が確定したら、敗訴した者の提出した一貫文については寺社修理費用として没収なされよ。勝訴した者の一貫文については封を付けたまま元どおりお返しになられよ。各二〇〇文は奉行人の手当とする。

すなわち、訴訟を起こす者は供託金として一貫二〇〇文の金銭を大名に提出し、各二〇〇文は裁判実務を担当した奉行人の手当とし、残りの一貫文は勝った場合は返還、負けた場合は没収というのだ。裁判を起こすのが有料と聞くと、ずいぶんがめつい訴訟制度だと思われるかもしれないが、この供託金制度のメリットは二つある。一つは、これにより訴訟のハードルが上がり、当事者たちもむやみやたらと訴訟を起こしにくくなる点。そして、もう一つは、そのなかから奉行人の手当を二〇〇文と定めたことにより、奉行人の報酬が明確にされた点にある。それ以前、中世の裁判制度は奉行人への賄賂は公然と行われており、それが時に裁判の結果をも左右した。当然、奉行人に高額な賄賂を支払える裕福な者は裁判に勝ち、そうでない者は敗訴する。「六角氏式目」では、奉行人の手当を定額化することで、そうした不正を排除し、訴訟実務を担当する者が私腹を肥やす余地をなくそうとしたのである（一貫文を勝訴者に返還するとき、あえて「封を付けたまま」と記すのも、奉行人への不正監視の姿勢が見える）。

このように「六角氏式目」では、他の大名と比べても、訴訟手続き法がかなりの充実を示している。「六角氏式目」は、このようにして裁判制度を整備することによって、自力救済の慣行に終止符を打つことを企図していたのである。

戦国大名の存在理由

領主と百姓の関係がタテ（垂直関係）の問題とすれば、領主と領主のトラブルや、村と村のトラブルはヨコ（水平関係）の問題と言えるだろうか。簡単に言えば、このタテ系統の問題とヨコ系統の問題を同時に解決することこそが、戦国大名に課せられた究極の使命だったのである。

これまで述べてきたように、六角氏（の家臣団）はそのうちタテ系統の問題については所務（年貢収納)関係の立法でもって対応しようとし、ヨコ系統の問題については訴訟手続きの立法で対応しようとしたのである。

ただ、観音寺騒動にいたるドタバタの経緯や、「六角氏式目」制定翌年の惨めな滅亡を知ってしまっている私たちからすれば、この「六角氏式目」に記された内容がどれほど実現可能なものであったのか、当然ながら疑問に感じるところだろう。あるいは、領国崩壊の瀬戸際にあった大名の苦し紛れの立法に、過大な意義を見出すのは慎重であるべきだという危惧もあるだろう。

ところが、六角氏の場合、制定年不明ながら、おそらく承禎が家督について間もない時期に制定されたであろうもう一つの分国法が残されている。三〇年ほど前に発見された「条目二十三ヶ条」と呼ばれる、その分国法には、たとえば次のような条文が見える。

訴訟のときは、双方から一貫二〇〇文ずつ持参するように。裁決の結果、敗訴した側は一貫二〇〇文を没収する。

一読して、さきに紹介した「六角氏式目」の63条とほぼ同じ内容であることに気づくだろう。

つまり「六角氏式目」はジリ貧に追い詰められた大名家が出来もしない絵空事を紙のうえだけで適当にまとめたものではなく、少なくともその元になるような制度は承禎の初政期から存在していたのである。実際にも六角氏の裁判関係の文書のなかには「奉行銭」という言葉も見え、六角氏が現実に供託金として一貫二〇〇文を徴収していたことが推測されている。

また、「条目二十三ヶ条」のなかには、裁判を行う日を毎月八・九・一〇・一八・一九・二〇日の六日間とする、という「六角氏式目」にも見えない詳細な規定もある。六角承禎は、家臣からの突き上げを待つまでもなく、その初政期から訴訟制度の整備に心を砕いていたのである。むしろ家臣たちの起草した「六角氏式目」のほうが、この「条目二十三ヶ条」の理想を受け継ぐものだったと言うべきかもしれない。結果的に滅亡してしまったとはいえ、六角承禎はさきに述べた大名権力に求められていた諸課題に積極的に取り組む姿勢を見せていたのである。それは、それらの課題がそれだけ当時の大名にとって重大な課題であったことを意味する。

第四章　今川氏親・義元と「今川かな目録」

―分国法の最高傑作―

最強の戦国大名は誰か？

続いては、駿河・遠江《とおとうみ》・三河《みかわ》の三国に君臨した東海一の大大名、今川氏の領国を訪ねてみることにしよう。素材とするのは、今川氏親《うじちか》（一四七三～一五二六、図8）の定めた「今川かな目録」と、その子、義元《よしもと》（一五一九～六〇、図9）が定めた「かな目録追加」である。今川氏は室町時代以来、幕府の守護として駿河国の府中《ふちゅう》（現在の静岡県静岡市）に拠点を構え、戦国時代になってからも氏親・氏輝《うじてる》・義元・氏真《うじざね》の四代にわたり東海地方に雄図を築いていた。

しかし、おそらく今川氏ほど、世間一般に流通しているイメージと、研究の世界での評価がかけ離れている大名もいないだろう。一般には「今川義元」というと、桶狭間《おけはざま》の戦いで織田信長に無残に敗れた大名として汚名が知れわたっている。ドラマやマンガなどでも、その姿は白塗りでお歯黒、棒眉、いかにも公家風で軟弱というキャラクターイメージが定着していて、完全に〝ヒーロー〟信長の引き立て役となってしまっている。しかし、じつはそれらのイメージに、ほとんど同時代史料にもとづく根拠はない。そもそも、あの公家風の軟弱イメージは戦後の大河ドラマなどで広められたもので、江戸時代の武《む》者絵《しゃえ》などを見ると、今川義元はむしろ桶狭間で奮戦する凛々しい荒武者として描かれることが多い。

史実のうえでも、戦国大名今川氏は、むしろ当時の大名たちのなかにあって最も先進的な大名であった。たとえば、「今川かな目録」は、東日本で最初につくられた分国法である。また、領内で検地を実施したのは、大名のなかで史上二番目（一番目は伊勢宗瑞《そうずい》〈北条早雲〉の永正相模《えいしょうさがみ》検地）。印判状《いんばんじょう》（花押《かおう》〈サイン〉ではなく印判を捺した行政文書）を領内統治に用いたのも、史上初。楽市令は史上二番目（一番目は既述の六角定頼）。また、直訴を奨励して目安箱《めやすばこ》を設置したのも

図８　今川氏親木像（増善寺所蔵，写真提供＝静岡県立中央図書館歴史文化情報センター）

図９　今川義元像（臨済寺〈静岡市〉所蔵）

今川氏が最初である(目安箱というと江戸時代の徳川吉宗が有名だが、すでに戦国時代から北条・六角氏なども導入している)。これらの事実を並べただけでも、少なくとも今川氏が決して劣った大名ではないことは、読者にも十分におわかりいただけるだろう。

さらに言えば、これから紹介する「今川かな目録」については、その内容は、私は戦国大名の定めた分国法としては最高レベルの出来であると考えている。実際、「かな目録」成立の二一年後に、隣国甲斐《かい》の武田晴信(信玄)が「甲州法度之次第」と呼ばれる分国法を制定している。ところが、この「甲州法度」は、全二六条のうち一二カ条までが「かな目録」とほぼ同じ内容となっている。つまり、一般的には武田信玄といえば〝戦国最強の大名〟として勇名を馳せているが、じつは分国法については、その内容は「今川かな目録」の無断引用(コピー&ペースト)だったのである。これらの事実を念頭に置いても、今川家は少なくとも桶狭間前夜までは東日本最強の大名であったと断言していいだろう。

室町時代の地政学

もちろん今川家がそうした先進性を獲得することができたのには、理由がある。戦国時代以前、室町幕府は決して日本列島全域を支配していたわけではなかった。関東・東北は足利尊氏《たかうじ》の子・基氏《もとうじ》の血をひく鎌倉公方率いる鎌倉府に支配を委ねていたし、九州についてはわずかに九州探題にその統治を委ね、実質上は諸大名の割拠に任せていた。だから、室町幕府の実質的な支配管国は、東は駿河から西は周防のあいだの本州と四国などに限られていたのである。そして、その管国内の大名は京都への集住が義務づけられていたため、室町期の大名たちは地方の守護職をもっていたものの、地元の支配は家臣たちに任せ、自身は京都に在住して室町将軍に奉仕する存在だった。

ところが、そのなかで例外を認められていた大名家が二家あった。それが、今川家と大内家である。彼らは室町幕府管国の東と西の境界(駿河と周防)に領国をもっていたために、今川は対関東の布石として、大内は対九州の布石として、地元に居つくことが許されていたのである。これが他の大名と今川・大内の命運を分けることになった。応仁《おうにん》・文明《ぶんめい》の乱以後、多くの在京大名たちが室町将軍とともにその権威を低落させるなかで、この二家だけは早くから地元に根を張っていたことが幸いし、いち早く領国の整備を遂げ、次の戦国時代に有利なスタートを切ることができたのである。

戦国時代になって、最初に本格的な分国法を作ったのが、西では大内氏、東では今川氏であったのも、もちろん偶然ではない。戦国時代の初め、西国では大内氏、東国では今川氏が東西の〝横綱〟として君臨することができたのも、室町幕府の大名政策が大きく影響していたのである。

さらに言えば、室町時代、最も政治的・軍事的な緊張を帯びた地域が、鎌倉府管国と室町幕府管国の境界領域である関東・甲信越・東海エリアであった。戦国時代になると、その領域に、今川をはじめ、武田・北条・上杉という千両役者が出揃うことになる。多くの日本人が知っている戦国大名の名前をあげたら、おそらくほとんどが、この関東・甲信越・東海エリアの大名たちになるのではないだろうか。これもたんなる偶然ではなく、彼らは室町時代以来の軍事緊張エリアで鎬《しのぎ》を削り、そのなかから台頭してきた勢力であった。だからこそ、彼らは他地域に先駆けて、権力基盤を強化することができた(せざるをえなかった)のである。今川の領国統治だけではなく、北条氏初代の伊勢宗瑞(北条早雲)の関東侵出にも室町幕府からの後押しがあったことが、現在では明らかにされている。関東・甲信越・東海エリアは、戦国時代に代表的な大名領国が出現し、最も激烈な戦闘が展開した場所であるが、そこにも室町幕府の対関東政策の作用・反作用が影を落としていたのである。

なお、〝西の横綱〟大内氏は天文二〇年(一五五一)に事実上滅び、その西国の権力基盤は毛利氏が受け継ぐことになる。同じく永禄三年(一五六〇)の桶狭間の戦い以降、〝東の横綱〟も今川氏から織田氏に交代する。こうなると、もはや時代は室町幕府政策のくびきから解き放たれ、新しい展開を迎えると言わねばならないだろう。が、戦国時代が明応《めいおう》の政変（一四九三年）から信長入京（一五六八年）までの七五年間だとすれば、全戦国時代の約八割の期間は大内・今川両横綱時代が続いていたということになる。これは無視できない事実である。

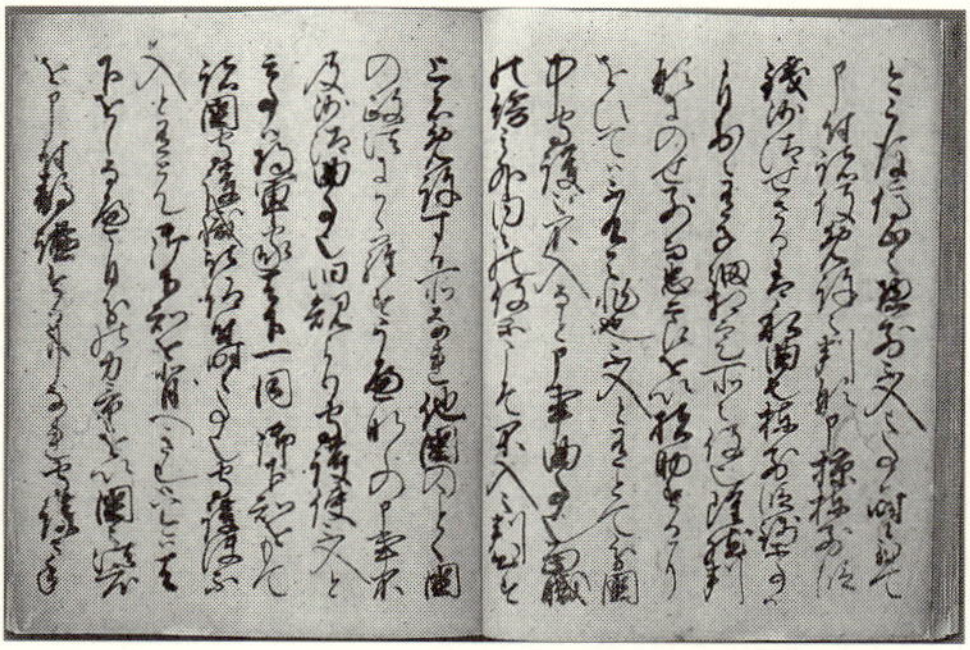

図10　「今川かな目録追加」（明治大学博物館所蔵）

「かな目録」の謎

では、そんな今川氏が定めた分国法の中身を見てみることにしよう。

「今川かな目録」（図10）は、日本史教科書などでは「今川仮名目録」の名称で通っているが、「かな目録追加」の五条では、この法典のことを「かな目録」と書いており、これが正式名称だったらしい。そこで本書でも、これを「かな目録」と呼ぶことにする。全条文は三三カ条。例によって、その内容構成を確認しよう。

1〜4条　所務法　5〜7条　家支配権　8〜12条　喧嘩
13〜17条　不動産売買法　18〜21条　貸借法　22・23条　アジール権
24〜27条　国内流通法　28・29条　僧侶法　30・31・33条　国際関係法
32条　座次《ざじ》相論

ひとめ見て、これまでの「結城氏新法度」や「塵芥集」「六角氏式目」と比べて、内容的に整っていることがわかるだろう。条文はほぼ内容に準じて整理されまとまっており、しいて不自然な点をあげるとするなら、30〜33条の国際関係法のなかに32条の座次相論（家臣たちの着席順の序列をめぐる問題）が紛れ込んでしまっている点ぐらいだろうか。ここまで系統立ってまとめられている中世法典も珍しい。

さらに「かな目録」の末尾には「あとがき」として、氏親自身の署判とともに、彼自身の文章でその制定理由が書かれている。以下に紹介しよう。

右の事柄は、少しずつ思い浮かぶままに領国のために密かに記し置くものである。現在は人々が小賢《こざか》しくなり、思いもよらないことで争いになるので、この条目を定めて、事前に規定しておくこととする。そうすれば贔屓をしているなどの批判も無くなるのではないだろうか。こうした事が起きたときは、箱の中からこれを取り出し、その場で裁決せよ。このほか世間一般に通用している法や、私的に以前から定めた法令は、これを載せてはいない。

大永六年丙戌四月十四日　　　　紹僖(氏親)　在印判

社会が変化してしまい、これまでの既存の法律では対処できないことが増えてしまった。なかには法の不備を突いて悪さをする奴らまでいる。そこで公正な裁判を実現し、新時代に対応するため、新しい法を定めるのだ、と。ここでは、戦国時代という時代の転換点を大名自身が十二分に自覚したうえで、自身の言葉で分国法を制定する理由を率直に打ち出している。まさに〝戦国大名〟今川氏親の面目躍如たる文面と言えよう。

ところが、この「かな目録」の成立を考えるときに、一つの重大な疑義がある。というのも、じつは「かな目録」については、以前からその実質的な制定者は氏親ではなく、その妻で氏輝・義元の母である寿桂尼《じゅけいに》だったのではないか、という説が存在するのだ。この説は一般向けの歴史書や大河ドラマなどを通じて広く浸透しているから、そんな話を耳にしたことのある読者もいるかもしれない。女性の発言力が強かった戦国時代、当主死後の今川家の危機を細腕で支え、〝おんな戦国大名〟とまで呼ばれた寿桂尼が意外にも東国最初の分国法を制定した、という話は、多くの歴史ファンに喜ばれそうな話である。しかし、その説は、どれほど信頼できるものなのだろうか。「かな目録」制定までに至る氏親と寿桂尼の歩みを振り返りながら、まず最初に、その点を確認してみることにしよう。

影の制定者は寿桂尼か？

「かな目録」の制定者とされる今川氏親は、応仁・文明の乱の最中の文明五年（一四七三）に生まれた。伊達稙宗よりもひとまわり以上年長で、本書に登場する大名のなかでは、最も早い時期に活躍した人物である。

氏親の父義忠《よしただ》は、文明八年（一四七六）、氏親がわずか四歳のときに、遠江塩貝坂《しおかいざか》で戦死してしまう。それでも三年後には室町幕府から氏親に家督相続の認可が下りるが、若年の氏親に政務がとれるはずもなく、彼の少年期、今川家の家政は一族の小鹿範満《おしかのりみつ》の牛耳るところとなった。しかし、小鹿は氏親の成人後も権力を譲り渡さなかったため、氏親はおじの伊勢宗瑞の支援をうけ、ついにこれを滅ぼす。こうして文明一九年、氏親は晴れて一五歳で本格的に今川家の当主となる。彼が戦国大名として初めて、行政文書としての印判状を発給するのも、この年の出来事である。

一方の寿桂尼は、公家の中御門《なかみかど》宣胤《のぶたね》の娘で、永正《えいしょう》二年（一五〇五）頃に駿河に下向し、氏親と結婚したと考えられている。その後、二人のあいだには嫡男氏輝・五男義元などの子女が生まれた。しかし、氏親生前の彼女については、とくに政治的な活動は見られず、彼女が歴史の表舞台に登場するのは、まだ先の話である。

自立後の氏親は精力的に軍事・政務に邁進《まいしん》し、永正一五年（一五一八）には遠江国相良荘で検地を実施している。以後、永正一七年には笠原《かさはら》荘・羽淵《はぶち》領家方、大永四年（一五二四）には宇苅《うかり》郷・蒲東方《かばひがしかた》と、矢継ぎ早に同国で検地が行われており、新たな占領地である遠江国の掌握を進めていたことが確認できる。そして大永六年（一五二六）四月一四日、五四歳にして、ついに分国法「今川かな目録」を制定する。一般に、これらの先進的な施策をもって、今川家は氏親の代に守護から戦国大名に変身を遂げた、と評価されている。

ところが、その積極的な政治活動とは対照的に、氏親自身の身体は長年にわたり病床にあった。彼が死去したとき、駿河出身で氏親にもたびたび面謁したことのある連歌師の柴屋軒宗《さいおくけんそう》長《ちょう》は、「喬山《きょうざん》(氏親)は十年来も御中風《ごちゅうふう》(脳卒中後遺症の半身不随)で、裁判についても政務の判断についても心許ないとは聞いていた」と証言している(『宗長手記』)。けっきょく「かな目録」制定からわずか二カ月あまり後の六月二三日、氏親は死去してしまう。しかも、嫡男氏輝はまだ一四歳の若年であった。

こうして今川家は再び若年当主の時代に舞い戻ってしまうのだが、ここで気丈に今川家を支えたのが、寿桂尼だった。寿桂尼は、氏親死去後は嫡男氏輝にかわって六年間、断続的に政務に関わる文書を発給し続けている。彼女は前当主の後家、当主の母として、今川家の家政運営の代行を買って出たのである。

「かな目録」の影の制定者が寿桂尼だったのではないか、という説は、こうした政治状況を背景にして生まれた説なのである。その骨子を再論すると、以下のようになる。「かな目録」制定時の氏親は十年来の「御中風」でほぼ政務も見られない状態で、実際に「かな目録」制定の二カ月後に死去する。だとすれば、「かな目録」が氏親によって書かれたとは考えがたく、彼の死去が近づいてきたことを契機に、誰か別人が氏親の名前で書いたと考えるのが妥当だろう。では、誰が書いたのか。となると、氏親死去の前後に今川家を取り仕切った有力者は寿桂尼以外にはいない。しかも、そう考えると、「かな目録」が文字どおり仮名まじり文で書かれているのは、執筆者が女性だったから、と考えればすべて説明がつく（当時、正式な文書は、男性が漢文、女性が仮名文で書くのが一般的だった）、というのである。

これは、当時の政治情勢を踏まえた一見説得力のある説明のように思えるが、じつは積極的な論拠は、①制定時、氏親は病身で分国法の執筆は不可能だったはず、②仮名書きであるということは女性が書いたものに違いない、という二点しかない。私は客観的に考えて、残念ながら、この寿桂尼執筆説は成り立たないと考えている。

まず、②の仮名書きである点だが、これはまったく論拠にならない。読者もご承知のとおり、本書でとりあげた「結城氏新法度」「塵芥集」はいずれも仮名書きである。それはすでに述べたように、これを執筆した結城政勝や伊達稙宗のリテラシー能力によるもので、当時は男性の大名当主といえども自由に漢文を駆使できる者は少なかった。彼らが自分の意志を率直に書き表わそうとした場合、仮名書きを選択することはままありうるのであって、「仮名書きであるから女性が筆者のはず」という推測には、根拠がないと言わざるをえない（そもそも今川家では義元が定めた「かな目録追加」も同じく漢字仮名まじり文であるが、その理屈でいくと、「かな目録追加」までも寿桂尼が作成したことになってしまう）。

また、現在残されている寿桂尼自筆と思われる書状を見るかぎり、「かな目録」の最善本とされる今川記本よりもだいぶ使用している漢字が少なく、漢文特有の返り字もほとんどない。そこから考えても、寿桂尼を「かな目録」の筆者とはできないだろう。

臨終の床での分国法制定?

では、①の氏親の体調については、どうだろうか。たしかに二カ月後に死期が迫る人物が一人で作ったとは思えないほど「かな目録」は精緻な内容であり、末尾の文章に氏親自身が書いたという記述と自身の署判はあるものの、それを疑う余地が生じてくるのもわからなくはない。しかし、どうも「かな目録」は、そんなに切羽詰まって作られたものではなかったようだ。

「かな目録」20条は、債務過重で困窮する家臣たちが跡を絶たないことから、その対策を定めた条文である。そのなかに以下のような文章がある。「今年大永五乙酉も安房守《あわのかみ》が債務過重の相談をしてきて、あまりに捨て置きがたいので、とりあえず許可したことがある」。ここで注目してもらいたいのは、「今年大永五乙酉」という記載である。これは、言うまでもなく、この箇所が元々「かな目録」制定の前年である大永五年に書かれたことを示すものである。「大永五乙酉《きのととり》」という注記は、現在残されている「かな目録」のすべての写本に記されていることから、おそらく「かな目録」制定当初から存在した注記と考えられる(「かな目録」の原本は残されていない)。だとすれば、この20条の部分は「かな目録」制定の前年に、すでにその原型が存在していたということになる。

もちろん、それは何らかの単行法令やその手控えであった可能性も無くはないが、この20条部分も他の箇所と同じ漢字仮名まじりの文体で書かれていることを考えると、ただ過去の法令をそのまま収載しただけとは考えにくい(もともと漢文体の先行法令を「かな目録」に収載するにあたり漢字仮名まじり文に変換した可能性も否定できないが、それだけの労を取りながら「今年」だけを直しそびれるのは、どうにも不自然である)。やはり、この20条も他の記述と同じ思想で一貫して書かれたもので、当初から「かな目録」の一部をなす予定の条文であったと考えるのが妥当だろう。

つまり、氏親は決して臨終迫る病床で慌てて分国法を一から書き上げたのではなく、少なくとも半年以上前から「かな目録」の用意をはじめていたのである。20条の記載はその経緯をわずかに示す貴重な証拠と見るべきだろう。実際、そうでもなければ、「かな目録」はあれほどの構成が行き届いた法典とはならなかったに違いない。

だとすれば、「かな目録」の成立に、わざわざ寿桂尼を影の制定者として想定する必要がなくなることになる。研究者のなかには、寿桂尼が書いたのではないにしても、寿桂尼が読むことを考えて氏親が仮名書きで書いたのだと称する者もいるが、それも②について述べたとおり、同様に成り立たない見解である。寿桂尼が重要な役割を果たした女性であったことは私も認めるが、なんでもかんでも彼女の事績にしてしまうのは、かえって〝贔屓の引き倒し〟というものだろう。

「あとがき」に記された嘘

とはいえ、末尾に氏親の署判があるからと言って、それを鵜呑みにしないで別の可能性を考える、という寿桂尼執筆説の着眼点には教えられるところがある。たしかに読み返してみると、「かな目録」末尾の「あとがき」には、いろいろと不審な点が多い。そこで、すでに一一八～一一九頁に掲げた「あとがき」の内容をもう一度整理してみよう。

(ア)本法典は「思い浮かぶままに」氏親個人が私的に記したもので、系統的な法典ではない。
(イ)本法典は「密かに」記し置いたものであって、その管理は「箱の中」に収めて、必要なときに当主が閲覧するべきもので、基本的には家臣や領民への公示を目的とはしていない。

(ウ)「世間一般に通用している法」(＝広く社会に支持された慣習法)や「私的に以前から定めた法令」は所収していない。

じつは、これら(ア)〜(ウ)の諸点は、よくよく調べてみると、いずれも事実とは符合しない。まず(ウ)では、既存の慣習法や今川氏が発令した先行法令は「かな目録」には収めていない、とある。しかし、後述するように喧嘩両成敗法や寄物《よりもの》・寄船《よりふね》法など、当時の慣習法は「かな目録」に、むしろふんだんに採り入れられている。また、2条の末尾には「この儀は先年決定済みである」という記述があり、また22条に「先年この定めを命じたが、なお領主たちがそれを守らないので、重ねてここに載せる」という記述があり、8条にも「先年定めた」とある。このように「かな目録」中には、明らかに大永六年以前に今川氏が定めた法が再度盛り込まれていることが確認できる。

さらに(イ)では、「かな目録」が非公開の法であったことが記されているが、二七年後に制定された「かな目録追加」14条では、「かな目録」4条の規定を逆手に取って不当行為をする者のことが問題になっている(後述)。こうした不当行為は多くの家臣・領民に「かな目録」の内容が周知されていなければ、起こりえない現象と言えるだろう。また、そもそも「かな目録」

が秘密法であったならば、その細かな内容が武田の「甲州法度」に引用されるはずもない。「あとがき」の内容とは裏腹に、「かな目録」は制定当初から多くの人の眼に触れるものとなっていたと考えざるをえない。

こうなると、(ア)も怪しくなってくる。まず(ア)では「思い浮かぶままに」とまで書いて、氏親が一人で「かな目録」を執筆したかのように記している。しかし、中世人が「思い浮かぶままに」法を書き連ねていったら、こんなに構成の整った法典には決してならないだろう。「結城氏新法度」や「塵芥集」を思い出してほしい。言葉足らず、内容重複、系統性の欠如……、おそらく「かな目録」はもっと支離滅裂とした悲惨なものになっていただろう。現実に「かな目録」の一部の文面が少なくとも半年前に作成済みであったことは、すでに述べたとおりである。

共同作業で生まれた法

どうも「かな目録」の「あとがき」では、その非系統性・非公布性・非網羅性が事実とは異なり過度に強調されているようである。伊達稙宗が主観的には満を持して作成した分国法に「塵芥集」というへりくだった名称を付けたことからもわかるように、当時の大名には中央政権の法がありながら、それに対抗するような新たな法を定めることに心理的な負い目があったのかもしれない。そのために氏親は必要以上の弁解や謙遜を言い訳がましく、その末尾に書き連ねたのではないだろうか。

だとすれば、執筆者についても、氏親自身が言うことを素朴に信じて、彼一人であったと考える必要はあるまい。今川家の配下には、飯尾《いのお》氏などのように室町幕府の奉行人にルーツをもつ国衆もいる。また、公家の中御門家から寿桂尼が嫁して来たように、京都との人的交流も盛んである。ならば、そうしたネットワークによって今川家に集っていた法曹専門官僚たちが「かな目録」の編纂に関与していなかったと考えるほうが無理があろう。病床の氏親の指揮のもと、半年以上の時間をかけて複数の専門家が共同作業で制作したのが、「かな目録」ではなかっただろうか。にもかかわらず、氏親は僭越な立法を恥じ入って、末尾に自身単独の執筆で漫然たる内容であるとの謙遜を書き連ねたのである。

そう考えれば、あるいは問題の「今年大永五乙酉」の付記についても、「かな目録」の編纂に複数の人物が携わっていた微かな痕跡とすることができるかもしれない。もし「かな目録」が氏親一人で書かれたものなら、彼は誰に遠慮することもなく、最初から「今年」を「去年」もしくは「大永五年」と修正することができたはずだ。なのに、原文にある「今年」をそのままに、わざわざ「大永五乙酉」と注を書き加えているのは不可解である。草案（原「かな目録」）

に付したスタッフ間の申し送り注意事項が、共同作業の混乱に取り紛れて、うっかりそのまま完成品にまで残ってしまった。あるいは、そんな可能性を想定することができるのかもしれない。

寄物・寄船の法

では、いよいよ肝心の「かな目録」の中身を具体的に見ていくことにしよう。たとえば、27条には、こんな条文がある。

［27］川から流れてきた木については、誰の支配地(から流れてきた木であるか、その場所が誰の支配地である)かを問わず、見つけた者が取得してよい。

中世社会では、川や海に流れついた漂流物や漂流船は元の持ち主が誰であろうと第一発見者が取得することが許されていた(そこには「塵芥集」で説明した落とし物と同じ意識が背景にある)。こうした漂流物のことを、当時は「寄物」とか「寄船」と言った。だから、この27条も、そうした当時の寄物の慣習にもとづいて定められたと言えるだろう。

ところが、直前の26条は少し様子が違う。

〔26〕駿河・遠江二カ国の浦々の寄船については、邪魔立てせずに船主に返却するようにせよ。もし船主がわからないのならば、その寄船は大破した寺社の修理のためにそのとき充てるようにせよ。

漂流船については、元の持ち主に返せ、というのだ（どうしても持ち主不明なら公共物として扱う）。木材ぐらいなら拾い得も許されるが、船となると積み荷もあるし、船主にとってはその損害は計り知れない。だいいち漂流船の自由な没収なんてことがまかり通ってしまったら、今川領内の海運業者はみなたちまち経営破綻してしまう。現在の損害保険が中世イタリアの海運業をルーツとしているという話を思い出してもらえばわかるように、海運業にはただでさえ大きなリスクがともなう。そこで「かな目録」では、一般的な寄物の習俗は許容しつつも、領内の海運業者については寄船の法を認めず、漂流船には元の持ち主の所有権を認める判断をしたのだ。「かな目録」には、当時の慣習法が多く採り入れられているのが大きな特徴だが、決して無批判に採用しているわけではなく、採り入れつつもその中身を取捨選択して、新たなルールを創出しようとしているところが独創的な点なのであった。

中分の法思想

本来は田や畠であった土地が、川や海の浸食で河原や浜辺になってしまった土地のことを、当時は「川成《かわなり》」とか「海成《うみなり》」と呼んだ。次の3条は、それらの土地を再開発するときに生じるトラブルについて規定した条文である。

［3］川成や海成の土地を再開発するさいに、境界争いをすることがある。年月が経過してしまって、その土地の本来の領有関係が不明確ならば、相互に主張する境界線の中間地点を境界と定めるべきではないか。そうでなければ(争っている土地を没収して)、新たに別の人物を(争っている土地の)領有者として任命する。

つまり、再開発地の領有をめぐって双方の主張が折り合わないならば、まず双方の主張する境界線の中間を境界とせよ、というのが、この法の主旨である。ただ、これだけだと現代の私たちの眼には、今川家の判断はずいぶんいい加減なもののように映る。ところが、すでに述べたように、当時の人々にとっては、折り合いのつかない争いの場合、その争っている対象を等分割してしまうというのは、案外、説得力ある処置だったらしい。これを当時「中分《ちゅうぶん》」とか「折中《せっちゅう》」といった。

たとえば、奈良の春日大社では「中分と申すは、両方の所務を混乱せず、心やすからんためなり」と言われて、中分は双方の心の平穏をもたらす最善策と考えられていた。また、東大寺でも「折中の法は、訴論人両方の相互得失、おのおの平等相兼《あいか》ぬるの儀なり」と言われて、折中の習俗は原告・被告双方の損得を均衡させる平等な配慮であると語られている。

では、現代の私たちからすると場当たり的な解決策とも思える中分や折中が、なぜ中世の人々に大きく支持されたのか。これを考えるとき、次の出羽《でわ》の戦国大名最上義光《もがみよしあき》の言葉は印象深い。

人と人のもめごとというのは、どちらにも道理はそれなりそれなりにあるものである。（だから、裁判というものは）とりあえず双方を比較して、道理の少ないほうを「非」としているだけのことである。

（伊達家文書）

中世の人々は、争いごとに絶対的な善や絶対的な悪があるわけではないということに気づいていたのだ。「正義」は、どちらにもある。だから義光は言う。双方それなりに主観的には正当性があるのであって、それに白黒をつける作業というのは、つまるところ、とりあえず相対的に分の悪い側を敗者としているだけのことなのだ、と。

中世の人々を私たちよりも野蛮で劣った人々だなどと侮《あなど》ってはいけない。ともすれば、ネット上の限られた情報をもとに「悪人」を決めつけ、それを袋叩きにすることで溜飲《りゅういん》を下げている私たちのほうが、中世の人々に言わせれば、よほど野蛮な連中なのかもしれない。そして、こうした考え方を根底にもつ人々が争いを解決に導こうとした場合、中分や折中が最善ないし次善な解決策になるのは当然と言えるだろう。「かな目録」の再開発地をめぐる中分の規定も、こうした当時の人々の法思想に根ざしていたのである。

喧嘩両成敗法

「かな目録」に載せられた条文のなかでも、とりわけ有名なものが8条の喧嘩両成敗法である。言うまでもなく、喧嘩をしたならば、喧嘩を売ったほうも買ったほうも両者とも理由を問わず死罪にするという過酷な法である。本条は高校の日本史教科書や史料集でも分国法の説明のなかでかならず引用されるほど有名な法である(「甲州法度」二六条本12条、五五条本17条を代表例として引用する教科書もあるが、「甲州法度」の喧嘩両成敗法は「かな目録」の引き写しである)。かつては「喧嘩を予防する意図と、当事者の言い分をきいて理非を究明する労を省いた効能がある」「問答無用の専制君主の法」などと説明されてきた(脇田晴子『戦国大名』など)。しかし、いまみた中分・折中の法思想を前提にして、喧嘩両成敗法を読み直してみると、その意図はそれほど単純ではない(以下の丸数字は筆者が補ったもの)。

［8］①喧嘩をした者たちは善悪を問題にせず、両者ともに死刑にする。②もし相手が攻撃してきたとしても、我慢して、さらに負傷した場合は、被害者側に原因があったとしても、その場を穏便に対処したことに免じて、勝訴とする。

まず①の部分を見ていただきたい。喧嘩をした者は理由を問わずともに死刑。典型的な喧嘩両成敗の規定である。もちろん現代において、こんな横暴な法があったら大変なことになる。しかし、これもさきの中分の法思想や、当時の人々の激情的な気質を背景に考えれば、さほど専制的・強権的な措置とも言えないことがわかるだろう。当時の喧嘩が私たちの想像をうわまわる激しいもので、とくに双方の知人や縁者を巻き込んで救いがたく拡大しがちであったのは、すでに「結城氏新法度」の章で見た。そんな人々に遺恨なく喧嘩をやめさせようと思ったら、善悪を判断してどちらか一方を処罰するという方策では不十分だろう。泥沼化してしまった喧嘩はそもそも善悪の判断自体が難しいし、それに無理に白黒つけようものなら、処罰された側は深い恨みを抱き、諍いは再発しかねない。場合によっては、裁定者を恨むことすら無くはないだろう。そんな人々にとって、双方のペナルティーを強制的に同等にしてしまう両成敗は意外に納得しやすい措置だったのではないだろうか。実際、この「かな目録」の規定より、はるか以前の九州の武士団の一揆の契約状のなかにも、喧嘩両成敗の規定が確認できる(青方《あおかた》文書)。喧嘩両成敗法は決して今川家の独創というわけではなく、中世社会に根づいた法だったのである。

ちなみに、戦国大名の分国法の規定で、喧嘩両成敗法とならんで教科書でかならず採り上げられる有名な法に「縁座・連座」がある。罪を犯した場合、犯罪者当人だけではなく、その親類縁者までも一緒に処罰されるという法であるが、これもかつては見せしめを目的とした戦国大名の強権的な法と説明されてきた(現在でも、政治家の公職選挙法違反などの処罰としての「連座制」にその名をとどめている)。しかし、これも現代的な感覚からすれば強圧的な法に思えるが、西洋的な個人主義など存在しなかったこの時代、犯罪行為が個人だけの責任で済まされることのほうが少なかった。個人は集団と切り離しては存在しえなかったし、集団が個人の責任を負うのも当然とみなされていた。だから、縁座・連座についても戦国大名が初めて創出したわけではなく、それ以前の中世社会では至極当たり前のことだったのである。寄物の法と同じく、戦国大名はそれ以前から社会にあった慣習法を積極的に採り入れただけであって、そのこと自体は彼らの独創ではなかったのである。そのため、喧嘩両成敗にしても、縁座・連座にしても、今日の研究では、それらをもとに戦国大名の専制性や強権性を論じるのは不適切であると考えられている。

社会と切り結んだ法

ところが、「かな目録」の8条は、これだけで終わりではない。見てのとおり、①の両成敗規定のあとに、②の付則が用意されているのである。それによれば、喧嘩に応じれば問答無用で両成敗だが、喧嘩を売られてもグッとこらえて応戦せず、そのことを今川家に訴え出たならば、たとえ今回のトラブルの責任がその者にあったとしても、ちゃんと訴え出た功績を評価して、その者の勝訴とする、というのだ。

すでに「塵芥集」の章で述べたとおり、自力救済が常識だった当時の社会では、裁判権力に頼る前に自力で応戦するのが当たり前だった。当然、そんなことでは争いはいつまで経ってもなくならない。戦国大名としては、どうにかして人々に自力救済を諦めさせ、大名権力の法廷にきちんと足を運ばせて、訴訟による解決を促したいところだったが、長年人々の体に染みついた自力救済観念を払拭《ふっしょく》するのはなかなか難しい。

そこで考案されたのが、この②の規定だったようだ。つまり、自力救済を諦めて大名の法廷に足を運んだ者には、その者にどんなに正当性がなかったとしても、その者の勝訴にしてやるというのだ。真偽善悪の判定という裁判所の任務を放棄したかのようなムチャクチャな規定だが、これだけの〝出血大サービス〟を掲げることによって、今川家は人々を「自力救済から裁判へ」と誘導したかったのである。そう考えると、①の喧嘩両成敗法も単なる当時の一般常識を採り入れただけとは言えなくなる。むしろ①の喧嘩両成敗は、②の裁判への誘導を実現させるための前振りであったとすら言えるだろう。喧嘩に応戦したら、たとえ自分が正しい側だったとしても両成敗で死罪になる。ところが、喧嘩に応ぜず、法廷へ駆け込んだならば、たとえ自分に非があったとしても、勝訴の判決が下る。そうなれば、誰もが少し考えれば、法廷に駆け込むほうが圧倒的に有利であることは自明だろう。

「かな目録」は、世間一般の慣習法を受容しながらも、それにアレンジを加えて、社会を矯正しようという姿勢をとっていたが、そのことはこの喧嘩両成敗法にも貫かれていた。喧嘩両成敗法の真意は、決して理非を究明する労を省くことにあったのではなく、むしろ人々を新しい時代の大名裁判に誘導することにこそあったのである。

新しい「国家」

その他、「かな目録」には今川領国と他の領国との関係を規定した条文、いわば国際関係法も多く見られる。たとえば、今川家が管理を任せた土地を他国の者に勝手に売却することを禁止していたり[16]、今川家に断りなく他国から嫁や婿をとったり、娘を嫁に出したりすることを禁止している[30]。これらは他国への土地流出や、家臣が他国の勢力とひそかにつながりを持つことを警戒した条文と言えるだろう。

より軍事的な問題で言えば、勝手に他国の勢力に加勢することを禁じたり[31]、他国出身の商人を一時的にも家臣として雇用することが禁止されている[33]。これなども、他国の紛争が今川領に波及することや、他国に今川家の機密が漏洩《ろうえい》することを警戒した条文だろう。さきに述べた寄物・寄船法も、それをわざわざ立法したのは、難破船の積み荷の帰属をめぐって他国とのトラブルが生じる危険があったためであろうから、これも国際関係法の一環と位置づけることもできるだろう。

また、より深刻なトラブルとしては、こんなものもあった。当時、A地域に属するaという人物から、B地域の者が何らかの損害をうけたさい、B地域の者は、aに直接に報復や損害請求ができない場合、aと同じA地域に属する無関係のa′という人物に報復や損害請求をすることができた。これを国質《くにじち》という。同じ地域に所属しているというだけで、無関係の人の過失の責任を負わされたのではたまったものではないが、それだけ当時の社会は集団や地域社会への個人の帰属意識が強烈だったのである。とはいえ、これが野放図に行われてしまうと、収拾のつかない混乱が生じることにもなる。まして、それが今川領国をまたいで他国とのあいだになされた場合、国際紛争にも発展しかねない。そこで、「かな目録」では「国質をとる場合、検断役人や奉行の許可を得ずに個人的に実行した者は処罰する」〔25〕と定めて、国質を認可制にして、そうした慣行を極力抑え込もうとしている。

以上のように国際関係法が充実しているのは、「かな目録」の大きな特徴である。この時期、戦国大名は自身の領国を「国家」と称するようになるが、これらの条文で想定されている「他国」も、文字どおり今川家の「国家」を前提にして、それ以外の地域を指す言葉である。それは旧来の「駿河国」や「遠江国」ともかならずしもイコールではないし、まして「日本国」とも別次元の概念である。それまで大名の支配領域に暮らす人々とその外部の人々との境界はかならずしも明瞭ではなかったが、ここに来て、今川の支配領域に暮らす人々を「国家」の構成員として把握し、その外部の人々とは截然《せつぜん》と区別しようという発想が生まれ始めていたのである。一連の国際関係法は、そうした意識のもとに生まれたものと言えるだろう。ここに「日本国」とも「駿河国」とも異なる、また新たな「国家」が生まれようとしていた。

今川義元の登場

ところが、今川氏親は「かな目録」の制定後、わずか二カ月であえなく病没する。あとに残された嫡男氏輝もいまだ一四歳であったことから、政務は実母の寿桂尼がみることになる。〝おんな戦国大名〟寿桂尼の登場である。寿桂尼は、氏親死没の大永六年(一五二六)から享禄《きょうろく》五年(一五三二)までの六年間、今川家の実質的当主として振る舞い、その後は当主氏輝の成長を見届け、彼に政務を譲る。

ところが、その氏輝も天文五年(一五三六)三月、二四歳で急死を遂げてしまう。まったく同日に弟の彦五郎も死去していることから、その死には何か不穏な気配が漂うが、いまとなっては真相は藪の中である。これにより今川家中で当主の座をめぐる争いが勃発することとなる。家督候補者として取り沙汰されたのは、氏親三男の玄広恵探《げんこうえたん》と、五男の栴岳承芳《せんがくじょうほう》。両者の争いは恵探の別名「花蔵殿《はなぐら》」をとって「花蔵の乱」と呼ばれるが、けっきょく同年六月、恵探は自害に追い込まれ、承芳が勝利を収める。こうして当主の座についたのが、栴岳承芳あらため、今川義元である。義元は氏親と寿桂尼のあいだに生まれたものの、幼年から僧籍に入れられていた。しかし、ここにきて急遽、新たな今川家の当主の座に就くこととなったのである。この年、一八歳。

当主となった義元は、内政面では父氏親・兄氏輝が進めてきた検地政策などを推し進め、外政面では甲斐の武田、相模の北条と三国同盟を結び、後顧の憂いをなくしたうえで、三河・尾《お》張《わり》方面への侵攻を精力的に展開する。その過程、三河の領国化をほぼ実現した天文二二年(一五五三)、三五歳の年に「かな目録」の追加法である「かな目録追加」二一カ条と、訴訟手続き法である「訴訟条目」一三カ条を制定する。

さきに「かな目録」については、「あとがき」の記載に反して、実際は氏親単独の執筆ではなく、彼の指示をうけた法律専門家集団の編纂であったという可能性を述べた。それに対し、義元の「かな目録追加」のほうには、どうもそうした形跡がうかがえない。追加法という性格もあって、その全二一条の構成にも整序された気配はなく、かなり雑多な印象をうける。また、客観的な記述が求められるはずの法文にもかかわらず、「よくよく分別せよ」〔追3〕といった家臣を教え諭すような一文が平気で顔を出している。こうした点から考えて、「かな目録追加」は「かな目録」とは異なり、「結城氏新法度」や「塵芥集」のように当主である義元個人が独自に執筆したものである可能性が高い。

ただ、単独の執筆のわりに、「かな目録追加」には「結城氏新法度」や「塵芥集」ほどには冗長さや粗雑さが見られない。この点は、さきに「かな目録」を完成させていた今川家自体の法知識の蓄積や、幼年期から寺院生活を積んでいた義元個人の教養に由来するところが大きいだろう。

「かな目録」の修正

しかし、だからといって「かな目録追加」が、決して「かな目録」に比べて劣っているというわけではない。むしろ制定されて三〇年近くが経とうとしている「かな目録」に、現実社会に合うよう柔軟に変更を加えているという印象である。

たとえば、「かな目録」では、債務過重の家臣が特例の債務免除や返済猶予を嘆願してきた場合は所領没収としていたが[20]、「かな目録追加」では、より罪を重くして、その要望を取り次いだ者の所領も三分の一を没収し、当人の家は断絶させることとしている[追6]。しかし、罰則が強化されたのは、この条文ぐらいで、それ以外は、むしろ実態に沿うように罰則が緩和された条文のほうが多い。

当時の社会では寺社や個別の領主は不入《ふにゅう》権と呼ばれる治外法権をもっており、その敷地に対しては大名といえども容易に介入できなかった。それらの敷地はアジール（避難所・聖域）と考えられ、罪を犯した者でもその敷地に駆け込めば、外部の追及から逃れることができたし、様々な税や課役なども収める義務はなかった。そのアジール性を支えたのは、寺社については宗教的権威であり、個別領主については、その政治的独立性だった。これに対して、戦国大名はいずれもこうした治外法権を極小化して、自己の支配に一元化しようという志向性をもっていた。自力救済権とアジール権は中世の諸勢力の自立を支えた二本柱であるが、戦国大名はそこに果敢に挑んでいったのである。

「かな目録」においても、今川家のお膝元である「駿府の市中に不入地は認めない」[23]という原則を打ち立てていたが、「かな目録追加」では、義元の親衛隊である馬廻《うままわり》については例外を認めつつも、かわりに家中に犯罪者がいた場合、引き渡しの励行を求めている[追5]。これなどは「かな目録」の規定を後退させたというよりは、よりきめ細かな規定になっていると言えるだろう。

また、田畠や山野の領有権争いの場合、「かな目録」では不当な訴訟を起こした側の所領三分の一を没収するとしていた[2]。ところが「かな目録追加」では、それをやめて、係争地の二倍相当の土地を敗者から勝者に引き渡すという措置に制裁を緩和している[追13]。しかも、それは「あまりにやりすぎではないか」という家臣たちからの嘆願を入れての措置変更だったことが、条文中で告白されている。

あるいは、こんな変更も見られる。「かな目録」では、裁判中に争っている土地を一方が実力占有しようとした場合、罰としてその土地は三年間、相手側の知行地とするとしていた[4]。ところが、「かな目録追加」によれば、当時、このルールを知って、悪用する者が現れていたらしい。つまり、わざと裁判を長引かせて、しびれを切らした相手側が実力行使をするように仕向け、そこを空かさずあげつらって、とりあえず三年間だけでも知行を確保しようというのだ。なんともセコい手口ではあるが、こうしたことが続いては「今川かな目録」の沽券《こけん》にかかわる。そこで義元は、裁判中の係争地の実力占有については、その年の年貢はとりあえず駿河国の一宮《いちのみや》である浅間《せんげん》神社の造営料として寄付し、翌年になって改めて裁判を再開する、としたのだった［追14］。

下人の家族

「かな目録追加」の内容は、決して「かな目録」の修正ばかりではない。「かな目録」の精神を継承して、社会の習俗に対応した新たな法の模索も行っている。次に、それを下人の地位をめぐる条文を例にして考えてみよう。

当時、下人（下男・下女）は主人の所有物とみなされていた。だから、その下人から生まれた子供も当然のこととして、同じく主人の所有物とみなされた。下人には悪いが、現代でいえば、ペットの生んだ子の所有権と同じと考えてもらえば、いいかもしれない。では、主人の違う下男と下女が恋に落ちて、子供が生まれた場合、その子供の所有権はどちらの主人のものになるのか。これは、律令制の昔から紛争のもととなるケースだった。ちなみに「御成敗式目」では、そうした場合、「生まれた子供が男子だったら父親の主人のものに、女子だったら母親の主人のものに」という原則になっていた。この原則は戦国の分国法にも継承され、「塵芥集」や「長宗我部氏掟書」でも同じ対応が採られていた。ところが、「かな目録追加」は、それらとは異なる新たな原則を打ち出している。

［追21］奴婢《ぬひ》や下人の妻子について。夫婦がそれぞれ別の主人をもっていたために、(生まれた子供の帰属について)父親側の主人は「わしの下人の子供だから、わしの下人だ」と言って主人権を主張し、母親側の主人は「わしの下女の子供だ」と言って、争いになる。けっきょく子供が幼い頃から養育してきた側に帰属させるべきである。

つまり、男子・女子を問わず、育てた側の親の主人の所有とする、というわけである。現代でも離婚時に子供の親権が問題になって、子供を母親に付けるか父親に付けるか、ということがよく話題になる。それに当てはめれば、機械的に性別で分ける「御成敗式目」方式よりも、養育実績のある側に帰属させる「かな目録追加」方式のほうが、愛情深い対応のように思える。

しかし、戦国の実態はそんな甘いものではなかった。「かな目録追加」と同じ原則をとっている分国法に「結城氏新法度」がある。「結城氏新法度」では、なぜ養育した側の帰属とするか、について、次のような説明をしている。

［結城15］母親の主人の屋敷でも、父親の主人の屋敷でも、一方へ母親でも父親でも通っ

てもうけた子供を、一方の主人が養育して、（女子なら）一〇歳や（男子なら）一五歳に育てあげたところで、養育も経済的負担もしないのに、「その者はわしの下人のはずだ」と（他方の主人が）言い出すのは、とんでもなく理不尽な言い分だ。女子は母親に、男子は父親にと言うのならば、その子が生まれた時点でその連絡をして（引き取り）、経済的負担や実質的な養育事実が間違いなければ、みずからの下人とせよ。

「御成敗式目」の時代は子供の性別で分ける方式でよかったのかもしれないが、戦国時代ともなると、その原則を逆手に取った不当行為が現れるようになっていた。子供というのは、生まれてすぐには労働力にはならず、むしろ養育する負担ばかりがかかる。せいぜい労働力になるのは一三〜一四歳ぐらいだろう。そこで、ずる賢い主人は、生まれてすぐには相手側の下人の屋敷で養育させておいて、その子供が労働力として使用できる年齢になったところを見計らって、自分のところの下人と同じ性別だったならば「うちの下人の子供だ」と主張して、その子を奪い取る、というのだ。こんなことをされてしまっては、それまで育ててきた側の主人は育て損ということになる。そこで今川家や結城家は「御成敗式目」の原則を採用せず、新たなルールを打ち立てたのである。

戦国大名宣言

このように、「かな目録追加」のなかにも注目すべき斬新な規定が多く見られる。しかし、なかでも以前から注目されてきたのが、寺社の「守護使不入」特権の撤廃を宣言した次の条文である(一一七頁、図10参照)。

[追20] もともと「守護使不入」というのは、室町将軍家が天下を支配し、全国の守護職を任命していた頃の産物である。となれば、いくら「守護使不入」の特権をもっていても将軍の命令にだけは背けないはずではないか(不入権を与えたのは将軍だからだ)。それと同じで、現在はすべてにおいてわが今川家が自分の力量で法度を定め、平和を保っている(つまり、いまこの国で今川家は将軍と同じ立場にいる)。だから「守護使不入」を理由にして今川家の介入を拒否できるなどと考えたら、とんでもないことだ。

すでに述べたように、これ以前から今川領国内にも、守護である今川氏の介入を排除することのできる「守護使不入」のアジール権をもった寺社が多く存在していた。彼らの特権は氏親の「かな目録」22条でも認められており、それらの寺社の内部で犯罪が起こったとしても、今川氏はおいそれと捕縛吏を送り込むことはできなかった。まして、それらの特権が京都の室町将軍より認められたものだった場合、今川氏といえども簡単に介入することはできなかったのである。

ところが、義元はその特権を敢然と廃止する。その論理は、次のようなものだった。現在の今川家がこの領国を支配しているのは、決して室町将軍からその支配を委ねられたからではなく、「自分の力量」によるものである。昔だったら、われらの支配は将軍に委ねられたものだから、当然、将軍の言うことも聞かないわけにはいかなかった。しかし、もはやそういう時代ではなく、この領国の最高権力者はわれらなのだ。そうである以上、将軍から与えられた特権を振りかざし、われらの言うことを聞かないなどということは、この領内では今後は一切許されない話である。

なんという自信に満ち溢れた発言だろう。ここには、自分たちの権力は、すでに室町幕府から任命される守護とは質的に異なる性格の権力であるという自己認識が見られる。そして、もはや将軍の支配には実効性がないと断じたうえで、自分たちの支配の正当性はただ「自分の力量」に由来するものであると宣言されている。数ある戦国大名のなかでも、ここまで明快なかたちで自身の権力の性格をみずからの言葉で定義した大名はいないだろう。そこには、実力主義とそれに由来する自信が漲《みなぎ》っている。「自分の力量」にもとづいて分国法を定め、領国の平和を維持している以上、領国内に大名の権限の及ばないところがあってはならない。旧時代から続く不入権は、この論理によって打破されたのである。まさに「戦国大名宣言」とでも呼ぶべき、一時代を画する条文である。

「国民」の創生

「かな目録追加」のほかに、ほぼ同時期に義元によって制定されたと考えられる「訴訟条目」と呼ばれる法がある。今川家での訴訟手続きを取り決めた内容だが、そのなかの最後の条には、次のような興味深い記述が見える。

［訴訟13］恩顧の主人や師匠、父母に対する訴訟は、受け付けない。ただし、敵地に内通するか、謀反を企てた場合や、窃盗・強盗・博奕などの共犯者による密告は、主人であろうと、国を守護する法度である以上、すべて訴え出るようにせよ。

「結城氏新法度」の章でも述べたが、中世社会では主人や師匠や親の権力は絶対的なもので、彼らに対して家来や弟子や子が訴訟を起こしても、中世権力はこれを受理しないのが普通だった。この「訴訟条目」でも、冒頭で一応、その原則への配慮が見られる。ところが、その続きを読んでみると、そこには例外規定が書き加えられている。そこでは主人や師匠や親が敵方に内通していたり、謀反を企てていた場合などには、たとえ目下の者でも堂々と訴え出ることが認められている。つまり義元は、今川家に対する叛逆行為や利敵行為などを「国家」の安全を守るという立場から重大視し、それへの処罰を中世社会の絶対的な道徳律よりも優越させる立場を打ち出したのである。

「国家」と「他国」を峻別《しゅんべつ》する姿勢は、今川家の場合、すでに氏親の時代から見られるものだったが、義元の段階では、さらにそれが推し進められ、「国家」に帰属する人々(「国民」)に「国家」への忠誠を第一義に求めるようにまでなっていたのである。しかも、それは「国を守護する」という今川家の平和維持活動への協力と密接に結びつけられ、説明されている。これは、さきの「かな目録追加」20条の「自分の力量で法度を定め、平和を保っている」という主張とも通じるものである。「塵芥集」のなかでも稙宗は公共利益の実現をキャッチフレーズとして謳っていたが、義元はそれをさらに推進し、「国家」の安全と平和を守る存在として自身の権力を位置づけ、「国民」に何より増して、それへの協力を求めているのである。

義元の統治構想

さらに「訴訟条目」1条では次のように定めており、今川家の訴訟制度はかなり完成の域にまで近づいていたことがわかる。

［訴訟1］毎月の評定は六日間とし、二日・六日・一一日は駿河・遠江二国の訴訟を裁く。一六日・二一日・二六日は、三河国の訴訟を裁く。ただし、(義元は)半年間は三河に在国するので、(その期間は)三河国で諸訴訟を裁く。とはいえ、急用の場合、(駿河・遠江二国の訴訟を取り扱う)三日間は、(義元留守の駿府で)宿老《しゅくろう》と奉行たちが午前一〇時頃から集まり、午後四時頃まで諸訴訟を裁き、(義元への)報告を怠けないようにせよ。

これによれば、今川家での訴訟の受理は原則、毎月一と六のつく日の計六日間であった(一日のみは月初めで繁多につき、翌二日に日をずらしたのだろう)。そして、そのうち月の前半は駿河・遠江からの訴訟の受理日とし、後半は新領国となった三河からの訴訟の受理日と定めた。三河からの訴訟に多く日数を割いているのは、新たな征服地となったばかりの三河では、それだけ領主の交代など権利関係の混乱が著しかったからだろう。しかし、それでも新領地の統治には不足と考えた義元は、今後一年の半分を三河で過ごし、三河の訴訟は自身が直接出向いて処理するという方針を打ち出している。

本国駿河を留守にして新征服地三河に半年間も滞在して統治するという、この義元の統治構想は、実現したとすれば戦国大名としてはなかなかアグレッシブな試みだった。ただ残念ながら、この構想を実現するにはいまだ機が熟さなかったのか、実際には行われた形跡はない。現在残されている義元が発行した文書を見てみても、その発給日はとくに「訴訟条目」に規定された日にちというわけでもないようだ。

しかし実現可能性はともかくとして、こうした法制定がなされたこと自体、それだけ義元がこの段階から三河支配に本腰を入れていた証《あかし》とも言えるだろう。事実、この後「かな目録追加」制定の翌年(一五五四)には今川・武田・北条の三国同盟が成立して西方進出の準備が整い、弘治三年(一五五七)から永禄二年(一五五九)のあいだには、義元は嫡子氏真に今川家の家督の座を譲り、みずからは三河経営に邁進する態勢をつくりあげることになる。

「訴訟条目」1条の後段では、義元不在の半年間、駿府では急な駿河・遠江からの訴訟があった場合、本来の訴訟受理日である毎月二日・六日・一一日は、義元にかわって宿老と奉行たちが訴訟の処理をするようにと定めている。また、そのさい、彼らは午前一〇時から午後四時までの六時間勤務も義務づけられていた。「訴訟条目」には、ほかにも細かな訴訟制度の取り決めが書き記されているが、そもそも義元がこうした細かな訴訟手続き法を制定しようと考えた背景には、自身の駿河留守中の訴訟停滞や不正への不安があったに違いない。この時期の「かな目録追加」と「訴訟条目」による法整備は、義元の長期にわたる三河駐屯計画の一環としてなされたものだったのだろう。

桶狭間の悲運

永禄三年（一五六〇）五月、ついに義元は三河国支配を万全なものとするべく、みずから二万五〇〇〇の大軍を率いて尾張国をめざし、駿府を出立する。運命の「桶狭間」への進撃である。大名当主みずからが大軍を擁して出陣する、その大がかりな取り組みに、古来、人々は「上洛の野望」を見てとったり、あるいは「油断」や「不見識」を見てとったりした。しかし、五年以上前から三河と駿河の往復支配を構想していた彼のフットワークの軽さからすれば、みずから陣頭に立っての進撃は、さほど奇異なものではなかったのかもしれない。

このときも義元の雄姿は部隊の前線にあった。快進撃につぐ快進撃。もはや尾張国鳴海《なるみ》領の制圧も時間の問題と思われた、そのとき――。彼を悲運が襲う。「おけはざま山」に着陣していた義元の正面に、突如、風雨に紛れて織田軍本隊が姿を現わし、襲いかかったのである。

義元とその馬廻三〇〇騎は一丸となって必死で退路を確保しようとする。しかし、織田軍の猛攻に四度、五度と応戦しているうちに味方は次々と討ち取られ、最後は五〇騎ばかりになってしまう。鎬を削り、鍔《つば》を割り、火花を散らすと言われた、泥土のなかの大混戦。ついに義元は織田軍の服部小平太《はっとりこへいた》に膝を斬られ、倒れ伏してしまう。そして、そこに同じく織田軍の毛利新介《しんすけ》が襲いかかり、義元の首をはねようと、おおいかぶさる。しかし、義元は決して黙って討たれることはなかった。後世の史書ではあるが『三河後風土記《ごふどき》』によれば、義元は首を斬ろうと顔をおさえつけた新介の左手の指を、渾身の力で嚙みちぎったという。新介は激痛にもめげず、嚙み切った自分の指をくわえたままの義元の首めがけて刀を振り下ろし、ついにその首を斬り落とす。義元、享年四二。主を失った今川領国は、このあと数年を経て崩壊する。

「今川かな目録」をはじめ分国法研究の第一人者で、本書でもその業績を多く参照させてもらった勝俣鎮夫氏は、この義元の壮絶な最期に、次のような印象深い一文を寄せている。

信長の電撃作戦の前に、雄図むなしくたおれた義元の無念さは、察するにあまりあろう。わずかに敵兵の一本の指をさえも、それにかみつきかみ切ったその執念は、けっして凡庸な名門御曹司のものではない。それは、自負と自信に満ちみちた戦国大名今川義元の、信じられない運命への、憤りの爆発ではなかったか。

（「今川義元」）

これまで「かな目録」「かな目録追加」の完成度の高さを見てきた読者も、この桶狭間の惨状に同様の感慨を抱かれるのではないだろうか。なぜあれだけの分国法を残しながら、今川家は滅び去ってしまったのか。そこには「悲運」というだけでは説明しきれない何かがあるのではないか。

しかし、その問題は、本書の最後に考えることにしよう。その前にもう一家だけ、「かな目録」から多くを学び、新たな分国法を創出した、「風林火山」の旗ひるがえる武田信玄の領国を訪ねておこう。

第五章　武田晴信と「甲州法度之次第」

―家中法から領国法へ―

駒井高白斎の原案

最後の最後になって恐縮だが、ようやく戦国大名らしい戦国大名の登場である。〝甲斐《かい》の虎〟武田晴信（信玄。一五二一～七三、図11）は、天文一〇年（一五四一）六月、父信虎を駿河に追放し、二一歳にして国主となる。そして翌年には隣国信濃《しなの》の諏訪《すわ》氏を下し、続けて同国佐久《さく》郡に軍を展開し、信濃攻略を進める。その過程の天文一六年（一五四七）六月一日に制定されたのが、分国法「甲州法度之次第」である。晴信が国主となって六年後、晴信二七歳の時のことである。

「甲州法度」は、他家の分国法とは違い、制定までと、その後の取り扱われ方が比較的詳しくわかる分国法である。武田家の家臣で、駒井高白斎《こまいこうはくさい》という人物がおり、その人物が記した記録をもとに編纂されたとされるのが、『高白斎記』（別名『甲陽《こうよう》日記』）である。この『高白斎記』の天文一六年五月晦日《みそか》（三〇日）に次のような記述が見える。

晦日庚辰《かのえたつ》　甲州新法度之次第、書き納め進上仕り候、この日、駒井高白斎が「甲州法度」を書きあげて晴信に献上した、というのである。おそらく彼を中心とした複数のブレーンによって「甲州法度」の原案がまとめられたのだろう。分国法の多くは、これまで見てきたように表向きは大名当主の名前で制定されてしまうため、実際に当主一人で執筆したのか、それとも複数のブレーンが原案を作ったのか、わからない場合のほうが多い。これに対し「甲州法度」は後者、ブレーンらが原案を作り、それを当主の名前で制定したケースであることがわかる点で興味深い。さらに言えば、現存する「甲州法度」には後述するように二六条本と五五条本の二種が存在する。そのうち二六条本の末尾には「天文拾六年丁未六月朔日」という日付が見えることから、駒井が献上した「甲州法度」を、当主晴信はすぐ翌日に自身の名前で制定したことがわかる。

図 11　武田晴信像（東京大学史料編纂所所蔵模写）

　ということは、おそらく晴信には駒井らが編纂した原案を十分に検討する時間はなかったはずである。あるいは六月一日があまりにキリがよい日付であることから考えると、「甲州法度」は最初から六月一日の制定が定められ、それ以前の五月末日までの献上が駒井らに義務づけられていたのかもしれない。いずれにしても、後に述べる点を除いては、制定された「甲州法度」に晴信の個性が反映されている可能性は低いと言わざるをえないだろう。もちろん原案提出前に晴信の何らかの意向が駒井らに示されていた可能性は否定できないが、彼はブレーンの提出した原案をほとんどそのまま自身の名前で制定したのではなかろうか。

「かな目録」の引用ミス

では、そこには駒井らブレーンの思想が反映されているのか、といえば、それについても少々疑問がある。というのも、これは古くから指摘されていることではあるが、「甲州法度」には明らかに「今川かな目録」から影響をうけたことがわかる条文が多く確認できるのである。次の表2を見てもらえばわかるように、じつに「甲州法度」全二六条のうち一二カ条、つまりほぼ半数に「かな目録」の影響をうけたと思われる文章が認められる。

当時、今川家と武田家は同盟関係にあり、今川義元の正室は晴信の姉で、義元は晴信による父信虎追放クーデターの支援をしていた形跡もある。そして、なにより駒井高白斎は、この前後に今川氏との交渉役をしばしば務めている人物なのである。とすれば、駒井は自身の職務の過程で入手した隣国今川氏の分国法を、主人に献上する新分国法の原案にちゃっかり採り込んでしまったのではないだろうか。もちろん「かな目録」からの引用はむやみになされているわけではなく、それなりの取捨選択やアレンジが施されてはいる。たとえば裁判中の土地に実力行使を行った場合の処罰[21]や、喧嘩の加担者への処罰[12]などは、武田家は今川家よりも厳罰主義を採っているが、その一方で子供の喧嘩に親が加担した場合の処罰などは武田家のほうが罪が緩和されている[22]。

とはいえ、不用意な引用によって生じてしまった、例によって可愛らしい間違いも「甲州法度」のなかには見受けられる。

> [20] 家来が(武田家の館に)出仕するさいの座る場所について、一〜二名を定めた以外は、これ以上諍いを起こしてはならない。

当時の武士たちはプライドが高かったので、

表2 「甲州法度」と「今川かな目録」の影響関係

かな目録	甲州法度(26条本)	甲州法度(55条本)	内容
1条	6条	7条	地頭と百姓
2･3条	7条	8条	田畠の境界
4条	21条	24条	訴訟中の実力行使
5条	11条	15条	譜代の被官の逃亡
8条	12条	17条	喧嘩両成敗
10条	13条	18条	被官の喧嘩
11条	22条	25条	子供の喧嘩
12条	なし	26条	子供の殺人
13条	9条	12条	恩地の売却
27条	17条	21条	川流れの木
28条	18条	22条	法論
30条	4条	4条	他国との通婚
32条	20条	23条	家臣の座次

座る場所程度のことでも争いの原因となりえた。そこで、一〜二名を固定した以外は座順を争ってはならない、というのが本条の主旨である。しかし、ここで言う「一〜二名」というのは具体的に誰のことなのだろうか？　その点についての明示は条文中にはない。

それもそのはず。じつはこの条文、「かな目録」32条のコピーなのである。ただし、「かな目録」ではもっと具体的に「三浦二郎左衛門と朝比奈又太郎の出仕の座席を定めた以上は、他の面々はあえて指定することはしない。その場の判断で適切に取り計らうように」と書かれている。これを引用する際、「甲州法度」ではまさか三浦某や朝比奈某などという他家の個人名を入れるわけにはいかないので、ぼかした表現をし、そのために、かえって意味不明なことになってしまったのである（村井章介氏の研究による）。

こうした点を踏まえると、原案の起草についても、晴信のチェックにしても、「甲州法度」の制定はかなりの急ピッチで行われたものだったようだ。

晴信と家臣たち

では、その「甲州法度」全二六条の中身を見てみよう。

「甲州法度」には、「かな目録」を参照しつつも、他の分国法と同様に家臣たちの奔放な行動を規制し、大名権力の支配に服させようという姿勢が見られる。たとえば、それは以下の条文などによく表れている。

［3］許可を得ずに他国へ贈り物や文書を送る行為は、すべて禁止する。

［4］他国と縁を結び、(他国で)所領をもらったり、(他国に)家来を派遣したりして、いろいろと契約を結ぶことは、きわめて犯罪行為の発端となりがちである。これを堅く禁止する。もしこれに背く者たちがあれば成敗を加える。

［10］親類や家来やその他の人などが、断りなく密かに誓約を結ぶことは、(武田家への)叛逆と同様である。ただし、危機的な状況で(武田家に)忠節を尽くすために、たがいに神《しん》水《すい》を飲み交わす(＝軍事的な連携のために一揆を結ぶ)ことは問題ない。

大名領国において家臣が他国の者と交流をもつことは、軍事機密の漏洩などの利敵行為や当主への謀反につながる恐れがある。そのため3条と4条は、それを防止するための策である。また中世社会では、個人と個人が神を介して盟約を結ぶ「一揆」が普遍的に見られた。これは家中の軍事連携強化策としてプラスに働くこともあったが、場合によっては、大名のタテの支配よりも、同志のあいだのヨコのつながりを重視することにもなりかねないことから、同じく大名側からは謀反の温床として警戒されていた。10条は、そこに斬り込んだ条文である。

中世武士は浮沈絶え間ない熾烈な社会のなかで生き残るためにも、ある種の〝保険〟として多様な人的ネットワークを独自に構築しておくのが常識だった。「甲州法度」のこれらの条文は、そうした家臣たちの私的なネットワーク構築を内外を問わず規制し、彼らをただ大名家のもとに一元的に帰属させることをめざしたものだと言える。

また、自力救済に関することで言えば、どちらも「かな目録」からの影響がうかがえる条文であるが、12条の喧嘩両成敗の規定のほか、18条には浄土宗と日蓮宗の僧侶が「法論《ほうろん》」を行うことを禁じる、次のような規定が見られる。

[18] 浄土宗と日蓮宗のあいだの法論については、(武田氏の)領国内においては行ってはならない。もし、これを企画する者があったならば、僧侶も檀那《だんな》(=俗人の後援者)も処罰対象とする。

「法論」(宗論)とは、宗派の異なる僧侶のあいだで教義上の真偽・優劣を闘わせる論争のことであるが、時にそれは激化し、僧侶の世界における私闘とも言えた。「甲州法度」では、家臣たちの自力救済行為としての私闘を禁じるのはもちろんのこと、そうした僧侶たちの教義上の論争すらも、それと同一視して禁じていたのである。

このほか、巻頭に戻って１条には、甲斐国内の地頭が不当に領民を処罰することを禁じた、次のような条文がある。

［1］国内の地頭が理由を言わず勝手に「犯罪者の財産だ」と言って、（領民の財産を）私的に没収してしまうのは、たいへん不当な行為である。もし犯罪者が晴信の家来だとしたら、地頭は（その土地に）干渉してはならない。

この条文は鎌倉幕府の「御成敗式目」４条をもとに書かれており、「御成敗式目」が鎌倉幕府とするところを「晴信」、全国の守護を「国内の地頭」に、それぞれ置き換えている。そのうえで、みずからを領国内の最高権力者と位置づけ、領内の地頭の地域支配権に制約を加えた条文である。ちなみに、これを起草した駒井高白斎は「晴信の家来」（直属家臣）の立場にあたることから、本条には原案起草者である彼らの権利擁護の側面もあったのだろう。

そして最後の26条には、次のような条文が見える。

[26]晴信の言動や法令などについて、もし(この「甲州法度」の主旨に)反することがあったならば、身分の上下は関係なく誰でも訴状によって告発せよ。検討したうえで、対応を改めるのにやぶさかではない。

ここでは当主晴信ですらも「甲州法度」を遵守することが誓われており、それに反することがあれば、家臣・領民は誰でも晴信を告発できる、とされている。類似の規定は「結城氏新法度」や「六角氏式目」にも見られたが、そこでは大名当主といえども一方的に法を定める存在ではなく、自身もそれに拘束されるということが明示されている。

さきの1条といい、この26条といい、冒頭と末尾に当主個人の「晴信」という生々しい名前が出てくるのも、法としては異様である。こうした表記や当主の恣意を拘束する内容を、起草者である駒井らブレーンが勝手に思いつくとは考えにくい。これらの条文に関してだけは、きっと晴信個人の強い意向が反映しているのだろう。では、この条文に籠められた晴信の思いとは、どんなものだったのだろうか?

「非理法権天」

日本人の独特の法意識を表わす法諺《ほうげん》として、かつてしばしば引用された「非理法権天《ひりほうけんてん》」という言葉がある。これは「非」よりも「理」が勝り、「理」よりも「法」が勝り、「法」よりも「権」(時の政治権力)が勝るが、最終的には「天」(天道《てんどう》・天命《てんめい》)が最も勝る、という天道を絶対視する思想である。この言葉は近世・近代社会では広く流通し、南北朝時代の楠木正成《くすのきまさしげ》の旗印に由来する言葉と説明されてきたが、楠木正成がそうした旗印を使用したという証拠はなく、中世社会にそうした思想が定着していた形跡もない。むしろ、さきの「甲州法度」26条などを読むと、当時の価値観はそれとは少し違っていたようである。

少なくとも「甲州法度」においては、「権」(晴信個人)は「法」(甲州法度)よりも低位に位置づけられ、「法」に束縛される存在であった。まだまだ大名の支配が不安定で、支配の正当性を裏づけるものも明確ではなかった戦国時代、彼らは「法」を大名個人から切り離して絶対的な権威としてまつりあげようとした。そうすることで、自身をその忠実な執行者と位置づけ、「法」を自身の領国支配に正当性を与える武器として活用しようとしたのだ。

もちろん、そのためには「法」が多くの人々に公示されていなくてはならない。「法」の内容を知らなければ、家臣・領民が晴信の非儀な行いを告発することなどできようはずもないからである。今川家の「かな目録」では家臣・領民への公示は明言されていなかったが、「甲州法度」は、そのためもあって広く人々に公示されていたようである。現在も山梨県内の元武田家家臣の旧家から「甲州法度」の写本が発見されることがある。「甲州法度」の写本は意外に広く流通していたらしいのだ。それは、晴信が当初から「甲州法度」に籠めた思いと深く関わっていると言えるだろう。

二六条本から五五条本へ

ここまで二六条本をもとに話を進めてきたが、実を言うと、「甲州法度」は数ある分国法のなかでも、最も写本の多い法典なのである。これは後に伝説的な名将となった武田信玄の遺徳を偲んで後世に書写されたものも含まれるが、なかには武田氏が滅びる以前に、武田家によって公的に書写されたと思しきものもある。

最近、村井章介氏は、こうした写本の異同から「甲州法度」の〝初期状態〟を復元し、どのような経緯を経て、現在に伝わるような「甲州法度」が生まれていったのかを推測している。本章も以下、その成果に学びつつ話を進めていくが、どうやら「甲州法度」は、その成立の直後から様々に転変が繰り返されていた複雑なテキストのようなのである。

その写本は大きく分けて全二六条の体裁をとるものと、全五五条の体裁をとるものの二種に分けられる。両者の内容の隔たりは大きく、このうちどちらが本来の「甲州法度」なのか、研究者のあいだでも意見が分かれている。ややこしいことに、二六条本の末尾には「天文拾六年丁未六月朔日」と書かれており、五五条本（図12）の末尾にも「右の五五カ条は天文十六年丁未六

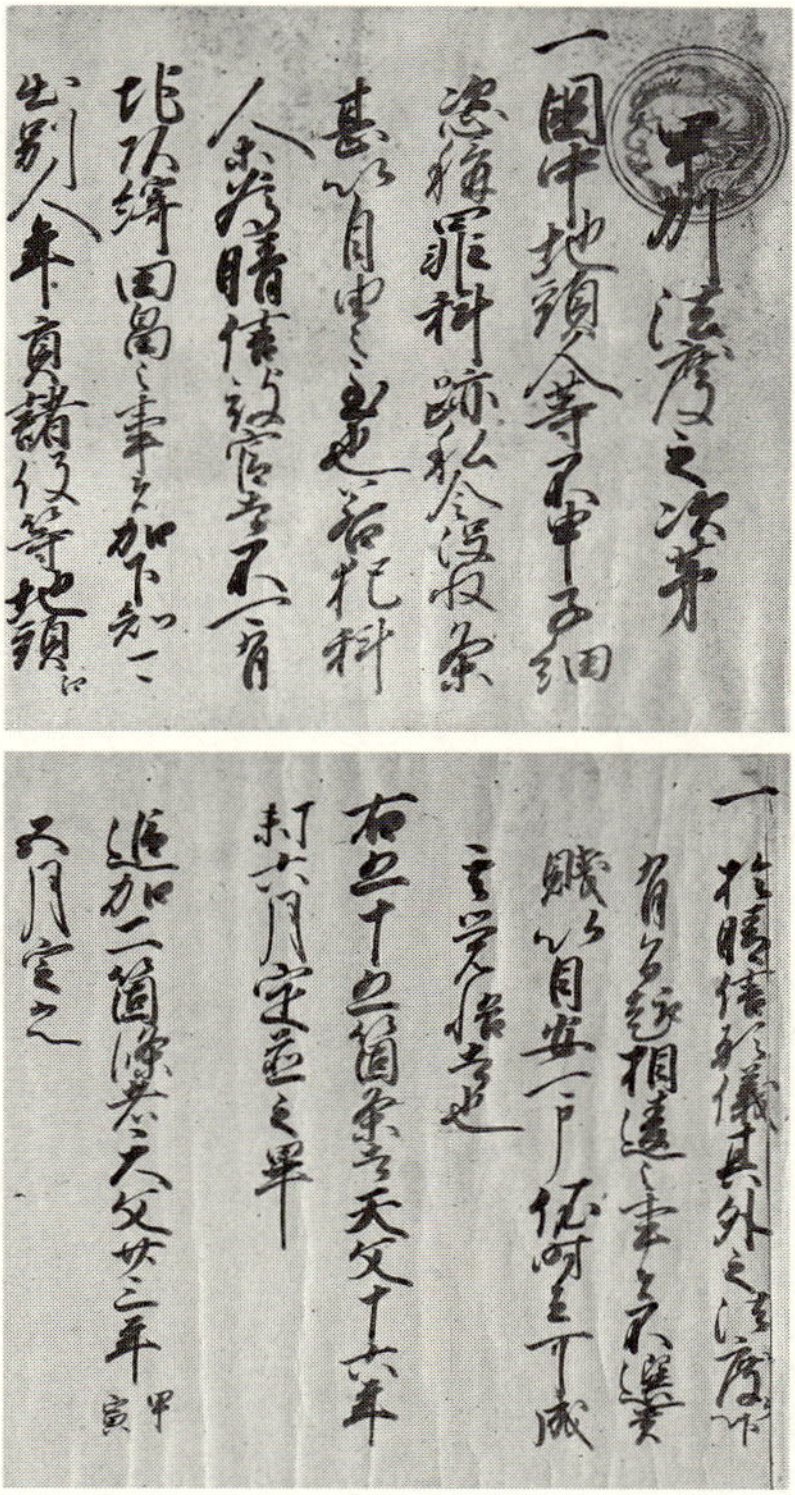

図 12 「甲州法度之次第」55 条本（東京大学法学部法制史資料室所蔵）（上）巻頭表題，（下）末尾 55 条

月に定め置いた」という主旨が書かれている。これを信じれば、二六条本も五五条本も同じ天文一六年六月に定められたことになってしまう。そんなことから、研究者のなかには五五条本が原本で、二六条本はその抄本(ダイジェスト版)だという意見もあるが、はたしてどうだろうか。以下、少々込み入った話になるが、大事な問題でもあるので、少しお付き合い願いたい。

二六条本と五五条本の前後関係を考えるとき、重要なヒントになるのは、その元ネタになった「かな目録」との影響関係だろう。一六三頁に示した表2は、「かな目録」の条文が、それぞれ二六条本と五五条本のどの条文に影響を与えたかを示したものである。これを見てもらえばわかるように、二六条本に存在して五五条本に存在しない「かな目録」由来の条文は一つもなく、五五条本に存在して二六条本に存在しない「かな目録」由来の条文はわずか一条しかない。つまり、「かな目録」由来の条文は、二六条本と五五条本のなかにほとんど同数存在するのである。もし五五条本が「かな目録」をもとに先行して作られ、その後、それをもとにダイジェスト版として二六条本が作られたとしたら、ダイジェスト版に「かな目録」由来の条文がほとんどすべて収まるということは偶然にしてもありえるだろうか(ダイジェスト版の作者が意図的に「かな目録」由来の条文をピックアップしたとすれば、ありえなくはないが、そんなことをするメリットは考えにくい)。そう考えるよりは、最初に「かな目録」をもとに二六条本が作られ、その後、新たにオリジナルの条文が増補されて五五条本ができたと考えるほうが、よほど自然な話ではないだろうか。

ただし、その二六条本すらもかならずしも〝初期状態〟ではなかったことは、村井氏の指摘するところである。とくに二六条本にはなくて、五五条本にはある「かな目録」の引用である一条（五五条本［26］）については、五五条本のほうに「甲州法度」の原形が反映してしまった箇所らしい。その他、二六条本から16・19条の二カ条を削り、一カ条（五五条本［26］）をプラスした全二五条が、そもそもの〝初期状態〟だったという。とはいえ、二六条本が現存する写本のなかでは最も〝初期状態〟に近い写本であることは、村井氏も認めるところである。

「自由」と「姦謀」

さらにダメ押しをもう一つ。二六条本の9条は恩地（武田家からの給与地）の売却を禁じる内容であるが、その末尾は「自今以後、姦謀《かんぼう》の輩あらば、罪科に処すべし」（今後、悪だくみをする奴らは処罰する）という文章で結ばれている。これと同じ内容の条文が五五条本の12条にもあり、その末尾にもやはりまったく同じ文章が見られる。ところが、二六条本をよく見ると、そこには修正の痕《あと》があり、二六条本の筆者は「姦謀」という字を書く前に「自由」という字を間違えて書いてしまい、それを抹消したうえで「姦謀」と直しているのである。「自由」という言葉は、中世では今日とは異なり「わがまま勝手」というマイナスの意味で使われる言葉であるから、「姦謀」のほうが若干非難のニュアンスが強いものの、「自由の輩」も「姦謀の輩」も意味の上ではそんなに大きな違いはない。では、まったく違う字体にもかかわらず、筆者はなぜこれを書き間違えてしまったのか？

答えは「かな目録」にある。この条文の元ネタになった「かな目録」13条を見ると、その末尾は「自今以後、自由の輩は罪過に処すべし」と書かれている。つまり、二六条本の筆者は、当初「かな目録」を引用して「……自由」まで書き写したものの、その言葉に若干の違和感をもち、独自の判断でその記述をより強い非難のニュアンスのある「姦謀」に修正したのだろう。これは二六条本が「かな目録」を座右に置いて執筆されていたなによりの証と言えるだろう。

これに対し、五五条本にはそのような逡巡《しゅんじゅん》の跡は見えない。五五条本は二六条本の内容をそのまま書写したので、「自由」などという言葉が出てくるはずもないのである。逆に二六条本が五五条本の後に書かれたのだとすれば、そこで筆者が「自由」と誤記してしまう理由が説明できないだろう。

五五条本を原本とする見解は、原史料の形状などから立論されたものではあるが、少なくとも書かれた文章の内容からは、二六条本が最初に書かれ、五五条本がそれを増補して制定されたという順番で考えるのが、最も妥当と思われる。この見解は、すでに『中世法制史料集』の解題でなされているものだが、私も改めてこの見解を支持したい。

五五条本はいつできた？

では、五五条本の末尾に書かれている「右の五五カ条は天文十六年丁未六月に定め置いた」という文章はどう考えれば、よいのだろう。これを文字どおりに受け取って、二六条本が天文一六年六月一日に完成して、その後、同じ六月中に五五条本が増補された、と理解するむきもあるが、一カ月弱の時間で二九カ条におよぶ増補ができるとは到底思えないし、そもそもそんなことをする理由がわからない。これは、二六条本から五五条本に段階的な増補がなされたというのではみっともないと考えた五五条本の筆者が、最初から五五条本という決定版の法典が武田信玄によって天文一六年の段階で制定されていたということをアピールするために行った、日付の改竄と考えるのが、やはり素直だろう(勝俣鎮夫氏の研究による)。あるいは、五五条本が、二六条本の制定年月の記載をそのまま残して、条文の追加を行ったために起きてしまった誤りという可能性も考えられよう(田中久夫氏の研究による)。

つまり、五五条本は末尾の記述とは異なり、実際には二六条本が制定された天文一六年六月一日以降、その後に二カ条の増補が行われたとされる天文二三年(一五五四)五月までのあいだのある時期に制作されたと考えられる。勝俣鎮夫氏は、五五条本で規定されている棟別銭徴収体制の確立が他の史料から天文一八年(一五四九)以降であること、また郷別棟別銭の徴収が初めて確認できるのが弘治元年(一五五五)であることを根拠にして、それをより絞り込んで、天文二三年のことと推測している。最初の二六条本が制定されてから七年後のことである。もしそうだとすると、今川義元による「かな目録追加」の制定は前年の天文二二年二月である。そこには〝先進国〟である今川領国での法整備に刺激をうけての法改正があったのかもしれない。

新たなバージョンアップ

では、五五条本は、二六条本とどのように違うのだろうか。

まず気になるのは、「かな目録」との影響関係である。五五条本になって新たに付け加えられた条文は全部で二九カ条であるが、この新たな二九カ条のなかには「かな目録」から影響をうけたことがわかる条文は、さきに述べたように一カ条しかない。また、さきの二六条本で「かな目録」の影響が見られた条文についても、そのうちいくつかは五五条本で処罰が緩和されたり、文意が明確になるよう文章に改変が加えられている。つまり、天文末年になって制作された五五条本は、二六条本制定のときとは異なり、すでに隣国の模倣をする段階を過ぎ、独自の問題意識のもとに法を再編集する段階に至っていたと言えよう。

この二九カ条の内容を吟味してみると、大きく二つの主題があることがわかる。一つは「棟別法度」と呼ばれる税制に関わる条文が計六カ条、もう一つは「借銭法度」と呼ばれる米銭貸借のトラブルに関わる条文が計一二カ条。つまり、新たな追加条文のほぼ三分の二がこれらの条文だったのである。これは五五条本制作の最大の眼目が、税制と貸借トラブルの処理であったことを物語っている。順にこれらの条文を見ていこう。

まず、棟別法度である。戦国時代においても、名目上は荘園制が機能しており、田地からあがる年貢は細々とではあるが荘園領主や地元で荘園の権利をもつ者たちに納められていた。そのため、戦国大名が百姓たちから税収を得る場合は年貢ではなく、臨時税である段銭や棟別銭というかたちをとることになった。このうち段銭は田地一段につき何文という課税方式で、棟別銭は家一軒につき何文という課税方式である。ただ、山国であるため水田が限られていた武田氏の領国では、段銭は賦課されておらず、もっぱら棟別銭が課税の主体であった。武田家では、この棟別銭の賦課体制を天文末年までに確立していた。

村と戦国大名

以下は、五五条本に見える棟別銭についての規定の一部である（条文番号は五五条本の第二類と呼ばれる写本のもの）。

［32］棟別法度の事。すでに「日記」（＝徴税台帳）をその郷中に渡しているので、家主が失踪したとか、死去したという場合でも、その郷中で（家数減少分を）速やかに支払いを行うように。（武田家では新たな賦課のために）家数の再調査は行わない。

［33］他郷へ引っ越した家があったとしても、引っ越し先から棟別銭を徴収せよ。

［37］洪水で流失した家については、新しい家からその分の支払いをさせるように。もし新しい家が無ければ郷中一同で支払いをせよ。もし流失家屋が一〇軒以上におよぶ場合は賦課は行わない。家主の死去した家についても、右に準じる。

棟別銭の規定は32条から37条におよぶが、武田家ではいずれも詳細な規定を設けて、棟別銭を徴収しようと努めていた。そこには、ここにあげたように死亡・逃亡・捨家・売家・他郷への転出による棟別の減少への対処法が述べられている。分国法で、ここまで詳細に税制に関する規定をしている大名はほかにいない。ここからは一軒の漏れも許さない武田家の執拗な徴収姿勢がうかがえる。

ただ、ひとつ注目してもらいたいのは、傍点を打った「郷中」という言葉である。一見すると、きわめて緻密な棟別銭の取り立て体制のように見えるが、じつは武田家の棟別銭徴収は、「郷」（村落）を基礎単位にして行われていたのである（平山優氏の研究による）。そもそも32条の記載をもとにすれば、武田家の棟別銭賦課は武田家の役人が一軒一軒徴収にまわっていたわけではなく、まず徴税台帳が郷に対して交付され、それにもとづき郷内の責任者が徴収にあたるものだったらしい。

また、家数の減少があった場合は、32・37条にあるように、郷内のメンバーで立て替えが行われることにもなっていた。これは一種の連帯責任制のようにも見え、郷民からすると過酷な規定のようにも思えるが、反面で事故さえ起こらなければ、郷内の自己裁量の余地は大きい。当時、荘園制の枠組みを超えて村落が自律的な活動をはじめていたことは、「六角氏式目」の章でも確認した。後に江戸時代の幕藩体制は「村請《むらうけ》」というかたちで、こうした村落を行政機構の末端に据えて、年貢の請負を委ねることになるが、それと同じ発想がすでに武田家の棟別銭の賦課体制のなかに認められるのである。

ちなみに「甲州法度」には、伊達家の「塵芥集」と違って、検断関係の立法がほとんど見えない。「火災・盗賊・死没・失踪については、武田家に報告しなくてよい」という条文すら見える(五五条本[57])。武田家は領国内の警察関係の問題については、想像以上に消極的だったのである。では、領国内の治安はどのようにして保たれていたのか。これも、おそらく武田家にかわって村落が警察業務を担っていたために、わざわざ武田家が介入する余地がなかったのではないか、と考えられている。

この時代、一般的に近江国のような西日本には「惣村」などと呼ばれる自治的な村落が多く成長していたことが知られているが、東日本については、史料が限られているということもあって、自治的な村落の姿はほとんど知られていない。しかし、「甲州法度」を見るかぎり、その支配は村落に依拠したものであり、それなくしては円滑な支配の実現は不可能であったとすら思われる。二六条本の段階では、村の姿はまったく法のなかには見えなかったが、五五条本の段階で、武田家はようやく村をその射程にとらえたのである。

借銭法度と晴信の死闘

では、残る借銭法度はどうだろうか。このうち最も多いのは、債務者が失踪あるいは死去した場合の処置［40・41・44・46・47・51］や、債権者が債務者の財産を差し押さえる場合の手続き［38・39］である。いずれも債務者の自己破産による混乱を整理することを目的とした立法と言える。

その他には、年期や利息、質物に関する規定［48〜50］。あるいは、恩地（武田家からの給与地）を担保にした貸借［43］や、米作地を担保にすること［45］などである。このうち、もともとの二六条本に見えるのは、41条の負債者の逃亡を禁じた条文一カ条のみであり、それ以外はすべて五五条本になって新たに追加された条文である。それだけ、五五条本の段階で、米銭貸借の問題、とくにそれによる債務者の自己破産が深刻な問題になっていたのだろう。

というのも、二六条本が制定された天文一六年から、五五条本が制作された天文二三年のあいだ、晴信は人生最大の苦境を経験していた。二六条本制定の前後、晴信の信濃侵攻はきわめて順調で、佐久郡一帯の勢力を次々と滅ぼし、救援に赴いた上杉憲政《のりまさ》の軍すらも撃破していた。ところが、翌年二月、小県《ちいさがた》郡上田原《うえだはら》で村上義清《よしきよ》と戦い、晴信は大敗を喫する。このとき武田家は板垣信方《のぶかた》・甘利《あまり》虎泰《とらやす》という無二の重臣を失っている。その後、天文一九年七月には松本平の小笠原長時を攻め、林城を陥落させるものの、九月には再び村上義清に戸石《といし》城で大敗（〝戸石崩れ〟)。上田原と戸石城の敗戦は、晴信の生涯でも痛恨の負け戦として著名であるが、それを経験したのが、まさにこの時期だった。

その後、晴信は、彼に苦渋を舐《な》めさせた宿敵、村上義清の居城、葛尾《かつらお》城を、天文二二年四月に落城させることに成功。ついに義清を越後に走らせるが、それはまた新たな戦いのはじまりでもあった。義清の救援要請をうけて、〝越後の龍〟長尾景虎(のちの上杉謙信)が立ち上がり、新たな敵として晴信の前に立ち塞がる。「甲州法度」五五条本が制作されたのは、その景虎との第一次川中島《かわなかじま》合戦の翌年のことだった。

この間の七年間、武田家の領国は確実に拡がり、甲斐国に加えて信濃国もほぼ手中に収めることとなったが、そこまでの道のりは無理に無理を重ねた壮絶なものだった。さきに「塵芥集」や「かな目録」で、家臣の負債や自己破産が深刻な問題となっていることを紹介したが、事態は武田家中も同じか、むしろもっとひどいものだった。家臣や領民たちは絶え間ない軍役に応えるため、借財を重ね、ついにはそれに耐えきれずに自己破産する家まで現れていたのである。五五条本の中心を占める借銭法度は、まさにそうした経済危機を乗り切るべく用意されたと考えてよいだろう。

家中法から領国法へ

これまでいくつもの分国法を紹介してきたが、厳密に言うと、分国法はその内容から二つに分類することができる。一つは家臣を統制することを目的とした家中法、もう一つは領国・領民を統制することを目的とした領国法、である。現実には、この二つは渾然一体《こんぜんいったい》となっており、明確に区分することはできないが、たとえば「結城氏新法度」などは、あくまで家臣の統制に主眼が置かれており、領国内の百姓や村についての規定はまったく見えない。その意味で、分国法のなかでも領国法的な性格は希薄で、もっぱら家中法的な性格をもっていると評価できるだろう。

その分類で言えば、最初の「甲州法度」二六条本も家中法的であり、領国法としての性格はあまりうかがえない。たとえば、15条などには「乱舞、遊宴、野牧《のまき》、川狩《かわかり》などに耽《ふけ》り、武道を忘れてはいけない。天下が戦国であるうえは、何を差し置いても武具の準備が大事である」という記述が見える(なお、この条文は戦国大名自身が彼らの生きていた時代を「戦国」と認識していたことがわかる史料として貴重なものである)。これなどは家中法というより、ほぼ家訓とでもいうべき内容で、この段階の晴信にとって領国民はまだ主要な関心ではなかったことがわかる。

ところが、七年の歳月を経た五五条本では、税制や自己破産の問題などを介して、領国民全般を対象としてとらえる視座の成熟がうかがえる。その内容も今川家の受け売りだった時期から大きく飛躍し、独自性と現実性のあるものへと、みごとに進化している。ここにきて「甲州法度」は、家中法から領国法へと脱皮を遂げたといってもいいだろう。村井氏の推定によれば、二六条本から五五条本のあいだに、「甲州法度」にはさらに複雑な条文の転変があったらしい。「甲州法度」は、他の分国法とは異なり、そうした「法」としての成長をつぶさに追いかけることができるという点で、興味深い素材なのである。

しかも、その成長は天文二三年で止まることはなかった。現在残されている「甲州法度」の写本は、五五条本だけでも少なくとも二種類あり、時期は特定できないが、その後も条文の配列入れ替えや字句修正など、さらなるバージョンアップが繰り返されていたようだ。年紀をもつ写本だけを並べても、天正二年(一五七四)正月吉日付(松平文庫所蔵本)、天正八年(一五八〇)二月一七日付(東京大学法学部法制史資料室所蔵本)のものが残存している。ちなみに、晴信が西上の途なかばで病に斃《たお》れるのが天正元年四月、跡を継いだ武田勝頼《かつより》(一五四六〜八二)が長篠《ながしの》で織田信長に敗れるのが天正三年五月、武田家が滅亡するのは天正一〇年三月のことである。「甲州法度」の書写やバージョンアップは、武田家が滅亡する直前までなされていたのである。

しかも、このうち天正八年の書写の日付をもつ写本には、巻頭に武田家の家印である龍の朱印が捺されている(一七一頁、図12参照)。これが武田家の実印だとすれば、そのバージョンアップは好事家《こうずか》の手によるものではなく、武田家の公的事業として継続されていたことになる。

文雅の気風で知られた今川家などと比べると、猪突猛進の武骨な家柄というイメージが浸透している武田家であるが、彼らは意外にもその滅亡直前まで「甲州法度」のバージョンアップに意を用いていたのである。そこには「法」による支配への強いこだわりが感じられる。しかし残念ながら、それからわずか二年後、武田勝頼は織田・徳川軍の猛攻の前に甲斐国都留《つる》郡田野において自害に追い込まれることになる。そのとき彼に付き従っていた家臣たちは、わずかに四〇人前後。一時は九カ国にまたがる最大版図を手に入れて、〝戦国最強〟との呼び声も高かった一族にしては、あまりに惨めな最期であった。

「法」の整備に意を注ぎ、「法」の充実を心掛けた武田家は、なぜ滅んでしまったのか？　ここで私たちは再びその問いに立ち戻ることになる。

終章　戦国大名の憂鬱

分国法のねらい

以上、結城・伊達・六角・今川・武田と、五家の大名の制定した分国法を眺めてきた。荒ぶる家臣たちを統制するため、たどたどしいながらも自分の言葉で法を定めようとした結城政勝。自力救済を抑止しようとしながらも、それを十全に果たすことができなかった伊達稙宗。家臣たちから突き付けられた法を受け入れることを余儀なくされた六角承禎・義治父子。最も完成度の高い法典を定めながらも悲運に斃れた今川氏親・義元父子。家中法から領国法へバージョンアップを繰り返した武田晴信。そこには、みなそれぞれにドラマがあった。

あまりに個々の分国法の成立事情に分け入りすぎた感のある本書の締めくくりとして、ここでは最後に、けっきょく「分国法」とは何であったのか、総合的に考えてみることにしよう。まずは、ここまで見てきた分国法に共通する特徴を箇条書きにしてみたい。

(1) 自力救済の抑制（たとえば私闘の禁止）
(2) 大名権力の絶対化（たとえば治外法権の極小化）
(3) 公共性の体現（たとえば公正な裁判や職権主義の実現）

(4) 既存の法慣習の吸収・再編（たとえば「中分」「折中」の採用）

これらは、それぞれ大名家によって比重の置き方は異なるが、おおむねどの分国法にもうかがえる要素と言える。事実、ほとんどの大名領国では、中世社会の常識であった実力行使が厳しく抑制され、報復行為は堅く禁じられた。また、多元的な法圏の存在は中世以来の伝統であったが、これに対しても、今川義元が「かな目録追加」で「守護の手入るまじきこと、かつてあるべからず」と宣言したように、アジールを大名の一元的な支配権のもとに編入していこうという姿勢が打ち出された。

そして、人々が自力救済やアジールを放棄するかわりに、大名権力はそれにかわるものとして裁判制度を整備する必要に迫られた。これまでの当事者主義的な法制度から一歩進めて、職権主義的な法制度への志向が見られるのも、分国法の大きな特徴である。しかし、彼らも決して何もないところからルールを創出したわけではなかった。むしろ彼らは、中世以来の法慣習を積極的に取り込んで、それを公的に成文法に位置づけることで社会を秩序化しようとしていたのである。喧嘩両成敗や縁座・連座など、大名権力が創始したと思われがちな施策の多くも、じつはいずれも、それ以前の中世の民衆社会にルーツをもつものだったのである。

これらの諸要素のほかに、より踏み込んだ対策をとる大名のなかには、ときに大名当主自身が法に制約されることを定める者まで現れていたし、またみずからの支配領域を「国家」と呼んで、領民にそれへの帰属を求める者すら現れていた。とはいえ、もちろん、これらはあくまで大名側の「志向」であって、それが実現できたかどうかは、また別問題である。大名によっても、その到達度には違いがある。しかし、おおむね分国法とは、以上のような志向性をもつ法典であったと結論することは許されるだろう。

分国法のパラドックス

戦後の歴史学の基礎を築いた人物として、石母田正（一九一二〜八六）という歴史家がいる。研究者としては古代から中世成立期が主要な研究領域であったが、その最晩年の仕事に、本書でもその成果に多くを拠っている岩波書店の『日本思想大系　中世政治社会思想　上』の「解説」がある。「解説」とはいえ八〇頁におよぶ大論文で、そこで石母田は「御成敗式目」から分国法にいたる武家法の歴史の壮大な見取り図を提示している。おそらく、この論文はそのスケールの大きさと論理の緻密さ、その後の研究に与えた影響、という点で、戦後の歴史論文のなかで五本の指に入る名論文と言えるだろう。

そのなかで、戦国大名の権力は、その領国内において(イ)最高の軍事指揮権をもち、(ロ)行政権と裁判権を掌握し、(ハ)より上級の権威や法規範に拘束されない独自の法制定権を行使し、(ニ)家産制的官僚制を組織したという点で、独立した「国家権力の歴史的一類型」であると位置づけられている。しかも石母田によれば、戦国大名とは倫理的体系や自己神格化などの宗教的イデオロギーによる支配の正当化を行わない「裸の権力」であり、(ハ)にあたる「「法」という客観的な非人格的な規範」がほとんど唯一の正当性の役割を担ったという。この石母田説は、その後、通説の位置を占め続け、現在でも分国法は戦国大名の自立性の指標《メルクマール》と位置づけられている。現行の日本史教科書などでも、戦国大名に触れるさいには、かならず分国法に言及されるが、それも遡れば、この石母田説を前提としている。

ところが、よくよく考えてみると、この説明には腑に落ちないところがある。なぜなら、数多ある戦国大名のなかで、ちゃんと分国法を定めているのは、わずか一〇家ほどに過ぎないのだ。それ以外の圧倒的多数の大名家は分国法を制定していないか、もしくは制定しても現在にまで伝わっていないのである。では、現在に分国法を残していない大名家は「遅れた大名」「未熟な大名」だったのか、といえば、そんなことはない。それらは、後北条・毛利・上杉・島津・徳川・織田など、いずれも戦国時代を代表するスター大名たちである。これはいったい、どういうことだろうか。

しかも、その逆に本書で紹介した分国法を定めた大名たちは、いずれも多くは惨めな運命をたどってしまっている。あれほどの巨大な領国圏を実現し、完成度の高い分国法を編んだ今川家も武田家も、最後はまことにあっけなく滅亡してしまうのは、すでに見たとおりである。わずかに伊達家は近世大名として次の時代に生き残ることができたとはいえ、当の稙宗もクーデターにより失脚し、彼が精魂傾けた「塵芥集」は忘却の闇に葬り去られる仕儀となった。

また、結城家や六角家や今川家など、分国法を定めた大名のなかには権力基盤が不安定ななかで、それを補うために分国法を定めたという大名が意外に多かった。彼らはかならずしも大名としての権力を盤石にした記念碑《モニュメント》として、華々しく分国法を定めたわけではなかった。むしろ逆境にあって追い詰められたときに限って、起死回生を図って分国法を作ろうとする。それを考えると、分国法を戦国大名の自立性の指標とする通説にも疑念が生じることになろう。しかも分国法のなかには、その適用例がほとんど見当たらないものすらある。はたして分国法は本当に機能していたのだろうか。制定者の自己満足であった可能性はないのか。分国法をめぐる疑問は尽きない。

では、なぜ分国法を定めた大名は、みな滅んでしまうのか。はたして分国法は本当に戦国大名にとって必要なものだったのか。最後に、この問題を読者と考えることで、本書の締めくくりとしたい。

法廷の現実

天正九年(一五八一)一二月、武田家の甲府留守居《るすい》奉行の市川元松と安倍勝宝《かつとみ》という二人が、一通の文書を発している。それは当主勝頼の留守中に甲府に寄せられた、ある訴訟に対して、勝頼が「御陣御留守中」であることを理由に、「御帰陣」を待って訴訟を取り次ぐことを原告に伝える内容だった(中込文書)。このとき武田家の当主勝頼は前月初旬より伊豆国に遠征しており、一カ月以上にわたって本国甲斐を留守にしていた。そのため、留守番の家臣たちは勝手に裁判を進めるわけにもゆかず、領内での訴訟を凍結させていたのだった(以下、片桐昭彦氏の研究による)。

しかし、訴訟を起こした側からすれば、一刻も早く裁許を下してほしいところだろう。当主が忙しいなら、留守番の家臣たちの判断で、独自に裁判を進めることはできなかったのだろうか。ところが、武田家には、それができない事情があった。武田家が発給する公文書には、当主の花押(サイン)が記されるか、もしくは武田家の家印である龍の文様が入った印判か、獅子の文様が入った印判が捺されることになっていた(一七一頁、図12の「甲州法度」の巻頭に捺されているのが龍印である)。じつは、この龍と獅子の家印は、遠征のさいには当主が携帯してしまっていたのである。

その証拠に、たとえば勝頼が駿河国に長期遠征に出ている天正七年八月末から一二月初旬の期間に残された、龍印・獅子印が捺された文書は、ほぼ駿河国の武士や寺社に宛てられたものばかりである。勝頼は遠征先の支配地域の軍事・行政を円滑に進めるために、出征時にも龍印・獅子印を決して手放さなかったのである。もちろん、その半年におよぶあいだ、本国甲斐での訴訟・裁判は停滞してしまうことになる。

実際、戦国大名の裁判への取り組みは、まだまだ不徹底な部分が多かった。たとえば、天正六年、信濃国筑摩《ちくま》郡小池村(現在の松本市)の百姓たちが山争いを起こしたときの武田家での裁判記録が残されている(草間文書)。これによれば、訴訟を起こした彼らは七月末に、武田氏の本拠である甲府・躑躅《つつじ》ケ《が》崎《さき》館に出向くが、そのときも当主勝頼が隣国越後の家督争い(御館《おたて》の乱)に介入して出陣してしまっていて留守だったため、最初、一回無駄足を踏んでいる。

その後、仕切り直して一〇月二六日に敵対する内田村との口頭弁論が行われるが、そのときも彼らが通された場所は館内の「御料理の間」(台所)であったという。さらに翌日には、場所を館内の「御弓の間の番所」(武器庫)に移して二回目の対論が行われる。そして三回目の対論は、かなり間をあけて翌年正月一一日に「御馬屋の北三間目」（馬小屋）で行われたという。ここからもわかるように、武田氏の居館には庶民からの訴えを処理するための恒常的な施設が存在しておらず、その時々に応じて台所から馬小屋まで、適当に空いている場所が法廷として選ばれていたのである。

しかも、長々と続いたこの裁判は、最終的には躑躅ヶ崎館ではなく、勝頼が出かけた先の湯治場の「権現《ごんげん》の舞屋《まいや》」（神社の神楽殿《かぐらでん》）で裁許が行われ、問題の山は双方の入会《いりあい》（共同利用）とされることとなり終結する。武田家の裁判が、当主の移動にともない、いかに不安定なものだったかが、この一事だけからもわかるだろう。武田家が「法」による支配に意を用いていたことは第五章でも述べたが、その武田家ですら裁判の実態はこの程度のものだったのである。

事情は、他家においても似たり寄ったりだった。元亀《げんき》二年（一五七一）一二月、公家の山科言継《やましなときつぐ》が禁裏領回復の交渉のため織田信長を岐阜に訪ねている。あいにく、このとき信長は清洲《きよす》城にあり留守だったため、言継はさらに清洲城に家人を派遣しようとした。ところが、信長は運悪くそこでも出陣中で不在だった。このとき、信長不在の清洲城には「一切公事訴訟停止なり。陣より注進の外、申し聞くべからず」という「制札《せいさつ》」が立てられていたという（『言継卿記』）。つまり、武田家のみならず織田家においても、当主の出陣中は一切の訴訟は受理されなかったのである。

このほか、豊臣政権期の土佐、長宗我部氏でも「軍陣・在京留守中は沙汰これを停止す」と定めて、当主の出兵中・在京中の訴訟の受理は堅く禁じていた(「長宗我部氏掟書」13条)。こうした指示が出される背景には、当主の留守中に家臣が勝手なことをしないように、という意味もあったのだろうが、長宗我部元親《もとちか》の場合、かなりの長期間、秀吉の朝鮮出兵に従軍し、京都・大坂にも長く滞在している。その間の土佐国での訴訟処理はどうなっていたのか、他人事ながらも心配になってしまう。

もちろん、こんな事態が長く続けば、領国の統治に支障がでるのは当たり前だろう。そこで、毛利氏などでは、朝鮮出兵のさいに、事前に五〇〇枚の判紙《はんし》(白紙に当主の花押だけを記した文書)と右筆《ゆうひつ》(書記係)を本国に残し、いざというときには当主の判断を待たずに当主の名前で指示が出せるような用意を整えている(武田金三氏所蔵文書)。また第四章で触れた、今川義元が三河駐屯計画の一環として定めた「訴訟条目」などにも、同じように当主不在中の裁判や行政の励行を促す目的があったに違いない。

戦場と法廷のジレンマ

ところが、裁判が滞るだけならまだしも、この時期には戦場での当主の存在自体が、また新たなややこしい裁判を引き起こす元凶となっていた。そもそも、彼らが戦場まで家印を携帯し、裁判権や安堵権を当主のもとに一元化していたのには、彼らがその場で家臣たちの功績を認定したり、それに応じた恩賞を与える必要があったからである。この時期、大きな勝ち戦があった直後には、勝った大名当主から「感状《かんじょう》」と呼ばれる多数の戦功認定証が家臣たちに発給されるのが常だった。武士のなかには、それをねだるための参考書類として、戦場に過去の訴訟文書や家に伝わる先祖代々の古文書を携行する者までいたぐらいである。

しかし、戦場で十分な確認をせぬまま、家臣の求めるままに所領や所職を与えてしまえば、当然のこととして、それらの所領や所職に既得権をもつ者がいた場合、新たな紛争が引き起こされることになる。

毛利元就は天文二四年(一五五五)一〇月に厳島《いつくしま》の戦いに勝利し、安芸《あき》国を本拠にして周防・長門《ながと》にまたがる広大な領土を手に入れた。ところが、元就にとって絶頂期とも思われたこのとき、彼は家臣から、ある匿名の告発文を突き付けられる(毛利家文書)。その内容は、戦勝後の元就による野放図な恩賞給与を痛烈に批判したもので、「一カ所に複数の領有者が認定されるので、みなが落ち着くことができない」と述べたうえで、「領国の支配は維持できないだろうと国中が噂している」と、毛利領国の崩壊すらも予見する不穏なものだった。恩賞給与に関しては、かの毛利元就ですらも、この体たらくだったのである。しかも、その告発状で、領国の崩壊を食い止めるために速やかな実施を提言している改善策というのは、次のようなものだった。

元就の直状《じきじょう》であろうと家臣の奉書であろうと、毎月出された文書の控えをしっかりと当主のもとに保管して、前後関係や矛盾点などをよく調査すべきである。

なんのことはない、権利の二重認定を回避するためには、発給した文書をしっかりと保存しておくべきだ、というだけのことである。しかし、こうしたことすら十分に果たせないのが当時の大名支配の実情だった。

とはいえ、恩賞はできるかぎり速やかに与えなければ、その次の日からの家臣たちの戦場での働きも鈍ってしまう。だから些細なことには気を回さず、その場、その場で大盤振る舞いをしてみせるのが大名にとっては肝心なことだった。その点、念が入っているのは、やはり今川家である。今川家では、義元と氏真の代に発給された安堵状や裁許状には次のような奇妙な但し書きをもつものが、いくつかある(大宮司《だいぐうじ》富士《ふじ》家《け》文書ほか)。

もし今後、うっかり忘れてしまって(同内容の)文書を出すことがあったとしても、それは無効とする。

いったん権利を与えたとしても、大名側に記録が残されていない以上、後日、誤って第三者に重複して権利付与がなされてしまわないとも限らない。その危険を回避するために、今川家ではあらかじめ安堵状や裁許状の文中に「失念」の可能性を明記したうえで、事後の第三者への権利認定を無効とするという排除文言を入れたのである。あらかじめ「失念」の可能性に言及してしまうのもどうかと思うが、これも安堵・裁許の記録管理の甘さから生じる混乱を未然に防ぐための窮余の一策だったと言えるだろう。

また、父稙宗との骨肉の争いに勝利した伊達晴宗なども、終戦後すぐに、父子双方が乱発した空手形を回収して、混乱した権利関係を整理することに努めている。稙宗も晴宗も、六年におよぶ家督争いの過程で少しでも自分の味方を増やすため、なりふり構わず無根拠な権利認定を乱発してしまっており、その整理が終戦処理の最大の課題となっていたのである。晴宗は家臣たちから回収した文書を吟味のうえ、あらためて新たな文書を再発行し、それを手元にも書きとどめ、知行台帳「采地下賜録」を編纂している。

毛利家についても、元就時代の混乱に懲りたのか、その後は戦場での褒賞には捻文《ひねりぶみ》と呼ばれる新様式の文書を考案している。これはいわば仮約束の文書で、戦後にその捻文の内容を吟味したうえで正式の証書が下し渡される、二段階の恩賞給与方式になっていた（岸田裕之氏の研究による）。これにより、毛利家の場合、戦場での家臣の期待をつなぎとめながらも、後日の混乱を回避することができたのである。

以上のように、いずれの大名も様々な形式を模索しながら、戦場と法廷とを両立させるジレンマに苦悩していた。

分国法はいらなかった

それにしても、当主出陣中は滞ってしまう裁判に対し、その一方で戦場などで乱発される無根拠な権利認定――、こうしたことが繰り返されるかぎり、大名領国の法秩序はいつまでたっても整備されるはずもなかった。これは、その名のとおり対外戦争を継続することを運命づけられた戦国大名が、永遠に背負うべき宿痾《しゅくあ》と言えた。

では、当時の人々にとって、いったい裁判と戦争、どちらが大事だったのだろうか？　たとえば毛利元就などは、その愚痴まみれの書状のなかで、率直に法治主義への憧れを語っている（毛利家文書）。彼に言わせると、すでに毛利家は中国地方一〇カ国近くを併呑したとはいえ、「当家をよかれと心から思っている奴らは一人もいない」のだという。だから、「戦には大勝利を収めたものの、いまどき理想的な法度や政道を施行して、人のあるべき道を示すのが本来のあり方なのだが、出雲《いずも》の尼子《あまご》氏が強敵でそれもできない」「戦には表面的には勝っているように見えるが、いまだまったく安心できないので、政道や法度も滞ってしまい、口惜しいかぎりである」と語る。元就個人の心配性の気質もあるとはいえ、彼の場合、明らかに法度を定めてこそ一人前の戦国大名である、という認識があったことは確かである。それは、これまで本書で見てきた主人公たちも同じだろう。

しかし、それは当時において決して多数派の考え方ではなかったようだ。そもそも当時の家臣や領民にとって、裁判というのは迂遠《うえん》で面倒なものに過ぎなかった。多額の費用と長大な時間を浪費して法廷で敵と争うぐらいなら、対外戦争に従軍して、そこで功績をあげてしまえば、恩賞としてそれに数倍する土地や権利を手に入れることが可能だった。勝ち目のない地味な裁判を争うよりも、戦争は手っ取り早い権利拡大の手段なのである。さらに言えば、彼ら自身、大名の裁判に対して公正な判決を期待しているわけでもなかった。むしろ彼らは公正な裁判よりも、みずからの訴えが迅速かつ一方的にかなえられることをつねに望んでいたのである。自分を勝たせてくれるのなら、場合によっては誤審でも違法判決でも構わない。彼らにとって裁判とは、その程度のものだった。

だから、大名たちも自国の訴訟の停滞には目もくれず、隣国への侵略に血道をあげていたのである。裁判よりも戦争――。これが大多数の戦国大名が最終的に選んだ結論だった。そうした判断にもとづき、結果的に毛利元就も法整備を後回しにしたわけである。当時、まだ人々の不安や不満を解消するために「法」が機能する範囲はきわめて小さかったことを、私たちは十分に踏まえておかねばならない。

そう考えると、詳細な分国法を定め、領国内に緻密な法制度を整えた大名に限って、早々に滅んでしまう理由も納得できなくはないだろう。法治主義というのは、「六角氏式目」がよい例だが、突き詰めてゆくと、立法者自身の恣意をも拘束することになる。法がある以上、大名は当主といえども、一時の感情や政治判断に従って勝手な処断や政策を打ち出せなくなる。法治主義としては「成熟」と言えるだろうが、当主の臨機応変なリーダーシップや超越したカリスマ性が求められた時代には、それは時として政治・軍事判断の足かせにもなった。むしろ時代は、明確な分国法も定めず、法制度もさして整備することなく、ひたすら領土拡大に邁進するような大名が求められていたのである。織田・徳川・上杉・後北条・毛利・島津といった戦国の最終段階まで生き残る大名たちの風貌を思い浮かべれば、そのことは納得できるだろう。

その意味では、結城・伊達・六角・今川・武田という、本書の主人公たちはみな上品すぎたのかもしれない。なにより、彼らは「法」の力を信じすぎた。そのために、背伸びをして法を捏《こ》ねくり返し、かえって事態を混乱の方向へ導いてしまった者すらいる。現実の社会では、公権力が定める法とは別次元で、人々のあいだで永いあいだに形成された法慣習や習俗によって、すでにそれなりの均衡が生み出されていたのである。現状でも何の問題もないのに、つくる必要のない煩瑣なルールをつくり、人々を疲弊させ、かえって状況を悪化させてしまうというのは、現代社会の組織にもまま見られるところだが、彼らの取り組みにはそれに似たものがある。

戦国前期にいち早く広大な領土を確保して法整備を行ったはずの大内氏と今川氏が、その後、後期になると一気に失速していく原因もそのへんに求められるのだろう。一定の支配領域内部の完結性や成熟度を追求するのではなく、むしろ、この時代の勝者に必要なのは「天下布武《てんかふぶ》」を掲げて、外へ繰り出すイノベーションだった。対外戦争は領国内の些末な訴訟問題すらも解消してしまう万能薬であり、戦争に勝利しつづけてさえいれば、そもそも彼らに法制度の整備など不要だったのである。

純粋で〝先進〟的なものがかならずしも新しい時代を築くとは限らない。むしろ粗野で〝野蛮〟なもののほうが新時代を切り拓くというのは、人類史上に、まま見られる現象である。これまで戦国大名権力の指標として語られてきた分国法であるが、それは彼らにとって少なくとも必要条件ではなかった。皮肉なことに、それは彼らの足をひっぱるものですらあったのである。なにより本書の主人公たちの末路が、それを雄弁に物語っている。

彼らが歴史に遺したもの

では、けっきょく本書の主人公たちや彼らが編纂した分国法は、みな時代のあだ花で、歴史的にはまったく無意味なものだったのだろうか。いや、そんなことはないだろう。私は、分国法の最大の意義は、さきにあげた特徴のうち最後の(4)既存の法慣習の吸収・再編、にあると考えている。

考えてみれば、さきに分国法の意義として掲げた(1)〜(4)のうち、(1)自力救済の抑制、(2)大名権力の絶対化、(3)公共性の体現は、いずれも分国法を定めた大名に限らず、他の一般的な戦国大名にも見られる特徴である。とすれば、真に分国法の意義として重視すべきは、やはり(4)の既存の法慣習の吸収・再編にあるとみるべきだろう。

日本の法制史学の基礎を築いた中田薫（一八七七〜一九六七）は、かつて分国法の意義を「従来法律的に対立していた公家法・武家法・民間慣習の三者を綜合して一となした点にある」と語っている。ここでいう「民間慣習」とは、各地の人々のあいだに「先例」や「古法」「大法」として継承されてきた、有形無形の法慣習や習俗といったものである。喧嘩両成敗法や寄物・寄船法などは、そのよい例だろう。公権力の定める「中央の法」と、これら「田舎の法」との出会いは早くは鎌倉後期には見られたが、分国法はこれらをより本格的に法のなかに採り入れ、それを成文化したことに、その最大の意義がある。だから法の発達は、決して教科書にあるような、律令↓御成敗式目↓分国法といった平板な展開ではない。分国法の成立は、それ以前の社会が作り出した法慣習を成文法世界に初めて本格的に取り込んだという点で、それ以前とは法の歴史を画する一大事件だったのである。

分国法を定めた大名たちも、個々には滅亡の憂き目をみたが、社会と切り結び、民間の法慣習に公的な位置を与えるという彼らの志向性は、最終的には、その後の近世社会に継承されていくことになる。近世に入ると、各大名家では藩法《はんぽう》と呼ばれる領国法を定めるようになってゆくが、そこでは分国法の理念がより純度を高めて継承されている。また、彼らを討ち滅ぼした大名たちも、当然ながら対外膨張政策を推し進めるだけでは、早晩、その支配に行き詰まりを見せることになる。やがて彼らも、既存の法慣習と自分たちの支配とのあいだに折り合いをつける模索をはじめることになる。

だから、最終的な「勝者」はどちらであったのか、一概に語ることはできない。本書の主人公たちは、新しい時代を、ほんのすこしだけ先取りしてしまったために不運に沈んでしまった存在なのかもしれない。

参考文献

第一章

笠松宏至「『結城氏新法度』の顔」(同『法と言葉の中世史』平凡社ライブラリー、一九九三年、初出一九七五年)
結城市史編さん委員会編『結城市史　第四巻　古代中世通史編』(一九八〇年)
市村高男『戦国期東国の都市と権力』(思文閣出版、一九九四年)
藤木久志『雑兵たちの戦場』(朝日新聞社、一九九五年)
高橋恵美子『中世結城氏の家伝と軍記』(勉誠出版、二〇一〇年)
荒川善夫編『下総結城氏(シリーズ中世関東武士の研究8)』(戎光祥出版、二〇一二年)

第二章

勝俣鎮夫「塵芥集に見られる伊達氏の司法警察権についての一二の問題」(『中世の窓』一〇、一九六二年)
小林宏『伊達家塵芥集の研究』(創文社、一九七〇年)
小林宏「伊達綱村と塵芥集の発見」(『国学院法学』八—三、一九七一年)

小林清治『戦国大名伊達氏の研究』(高志書院、二〇〇八年)
桜井英治・清水克行『戦国法の読み方』(高志書院、二〇一四年)
遠藤ゆり子編『伊達氏と戦国争乱(東北の中世史4)』(吉川弘文館、二〇一六年)

第三章
牧健二「義治式目の発見と其価値」(『法学論叢』三七―五、一九三七年)
勝俣鎭夫「六角氏式目の所務立法」(同『戦国法成立史論』東京大学出版会、一九七九年、初出一九六八年)
下坂守「六角氏の領国支配」(『新修大津市史　第三巻』一九八〇年)
下坂守「室町・戦国時代の六角氏」(『八日市市史　第二巻』一九八三年)
藤木久志『豊臣平和令と戦国社会』(東京大学出版会、一九八五年)
今岡典和「六角氏式目の歴史的位置」(有光友學編『戦国期権力と地域社会』吉川弘文館、一九八六年)
下村效「「刑法総類」所収の一分国法について」(『栃木史学』一、一九八七年)
脇田晴子『戦国大名(大系日本の歴史7)』(小学館、一九八八年)
稲葉継陽「中・近世移行期の村落フェーデと平和」(同『日本近世社会形成史論』校倉書房、二〇〇九年、初出二〇〇〇年)
村井祐樹『戦国大名佐々木六角氏の基礎研究』(思文閣出版、二〇一二年)

新谷和之編『近江六角氏（シリーズ中世西国武士の研究3）』（戎光祥出版、二〇一五年）
新谷和之『戦国期六角氏権力と地域社会』（思文閣出版、二〇一八年）

第四章

勝俣鎮夫「今川義元」（『人物・日本の歴史　第6』読売新聞社、一九六五年）
勝俣鎮夫「『今川かな目録』の制定」「『かな目録追加』と『訴訟条目』の制定」（『静岡県史　通史編2　中世』一九九七年）
勝俣鎮夫「今川氏「敵内通法」について」（『戦国史研究』三五、一九九八年）
久保田昌希『戦国大名今川氏と領国支配』（吉川弘文館、二〇〇五年）
清水克行『喧嘩両成敗の誕生』（講談社選書メチエ、二〇〇六年）
有光友學『今川義元（人物叢書）』（吉川弘文館、二〇〇八年）
大石泰史編『今川氏年表』（高志書院、二〇一七年）
大石泰史『今川氏滅亡』（角川選書、二〇一八年）

第五章

三浦周行「武田家の法律」『甲州法度』（同『続法制史の研究』岩波書店、一九二五年）
田中久夫「武田氏の妻帯役」（『日本歴史』四六、一九五二年）

杉山博『戦国大名(日本の歴史11)』(中央公論社、一九六五年)
柴辻俊六「甲州法度の歴史的性格」(同『戦国大名領の研究』名著出版、一九八一年、初出一九七八年)
平山優「戦国大名の諸役賦課と納入の実現形態」(同『戦国大名領国の基礎構造』校倉書房、一九九九年、初出一九八八年)
平山優「駒井高白斎の政治的地位」(『戦国史研究』三九、二〇〇〇年)
平山優『武田信玄』(吉川弘文館 歴史文化ライブラリー、二〇〇六年)
菅原正子「戦国大名と「国法」」(『武田氏研究』三六、二〇〇七年)
菅原正子「武田信玄領国の法体系」(柴辻俊六編『新編 武田信玄のすべて』新人物往来社、二〇〇八年)
勝俣鎮夫「戦国の家法と家訓」(同『中世社会の基層をさぐる』山川出版社、二〇一一年)
鈴木将典「武田氏と「借銭法度」」(同『戦国大名武田氏の領国支配』岩田書院、二〇一五年)
村井章介「テキスト分析からみた甲州法度の成立過程」(『武田氏研究』五四、二〇一六年)
村井章介「甲州式目(松平文庫本)校訂原文・注釈・現代語訳」(『立正大学大学院文学研究科紀要』三四、二〇一八年)

終章および全体

中田薫「古法雑観」(同『法制史論集 四』岩波書店、一九六四年、初出一九五一年)
石母田正「『中世政治社会思想 上』解説」(『石母田正著作集 八 古代法と中世法』岩波書店、一九八九

年、初出一九七二年）
勝俣鎮夫「戦国法」（同『戦国法成立史論』東京大学出版会、一九七九年、初出一九七六年）
笠松宏至『徳政令』（岩波新書、一九八三年）
岸田裕之「毛利氏が用いた文書様式と主従関係」（同『大名領国の政治と意識』吉川弘文館、二〇一一年、初出一九九〇年）
新田一郎『日本中世の社会と法』（東京大学出版会、一九九五年）
片桐昭彦「武田氏の文書発給システムと権力」（同『戦国期発給文書の研究』高志書院、二〇〇五年、初出二〇〇〇年）
佐藤雄基「中世の法と裁判」（『岩波講座日本歴史7　中世2』岩波書店、二〇一四年）
清水克行「戦国の法と習俗」（『岩波講座日本歴史9　中世4』岩波書店、二〇一五年）

あとがき

これまで中世の一般庶民の習俗や法慣習を追いかけてきた私が、戦国大名を主題にして本を書くことになろうとは、少し前までは思いもしなかった。この問題に本格的に取り組んでみようと思ったきっかけは、二〇一四年に桜井英治さんと刊行した『戦国法の読み方――伊達稙宗と塵芥集の世界』(高志書院)にある。この本は二人で三日間かけてひたすら「塵芥集」を解読するという異色の対談本であったが、気心知れた二人で、ああでもない、こうでもないと討議するのは、忘れかけていた歴史研究の楽しさを再認識する得がたい機会だった。

対談では桜井さんの鋭い読みにひたすら舌を巻くばかりだったが、そのなかで、これまで自身が分国法をただかじり読みしてきただけで、正面からちゃんと向き合ってこなかったことを痛感させられた。ならば、これまで「下」からの視点で覗いてきた中世社会を、こんどは戦国大名の視点で「上」から覗いてみたら、どういう光景が見えてくるだろうか。そんなことを考えて、対談後は授業や講演などの場も借りて、「塵芥集」に限らず他の分国法も少しずつ読み返していく日々を重ねた。

そうした勉強のささやかな成果報告が本書である。とはいえ、分国法の読解は手ごわく、まだまだほんの試論の域を出ない。本編中でも何度もそのお名前を紹介させてもらった勝俣鎮夫先生が分国法について語った「自信をもって解釈できる条文はそのうちの半分、残りの四分の一は、まず訳をつけることもできない、さらに残りの四分の一は、訳はかろうじてつけることはできるけれども、なんでこんな法律をつくったのか意図がわからない」という言葉が執筆中に何度も脳裏を去来した。本書を読んで分国法に興味をもたれた方、あるいは歴史研究者はどうやって史実を推理していくのか、その裏作業に関心をもたれた方は、ぜひ本書の中・上級者編として『戦国法の読み方』にも手を伸ばしてもらいたい。

近年長足の進歩を遂げている戦国大名論については、多くの先学の研究成果を参照させてもらった。本書にオリジナリティがあるとすれば、テクストや周辺史料から分国法の生成過程論や作者論に踏み込んだ点にあるかもしれない。中世社会の分厚い習俗や法慣習の壁に直面した戦国大名たちが呻吟《しんぎん》するさまを本書で再現することができたとすれば、とりあえずは成功である。結果的に七人の主人公たちと彼らが精魂込めて制作した法典に対する本書の評価は、少々辛《から》いものになってしまった。しかし、いつの時代であれ、社会というものは、一片の法令や法典でそう簡単に変わるものではないのかもしれない。

周囲を見まわせば、社会の変化・複雑化にともなって、これまで何となく慣習的に行われてきたことを明文化したり、ルール化することを無条件に善とする風潮が漲っているような気がする。でも、そのことが結果的に社会全体を息苦しくさせてはいないだろうか。「危機管理」というと聞こえはいいが、実態はマニュアル化と権力の集中という場面も多く見聞きする。「改めて益なきことは改めぬをよしとするなり」。無意味な規則をつくるよりも、もっと営々と積み重ねられた慣習の力を私たちは信じてもよいのではないだろうか。中世の「自由」を学んだものとしての、ささやかな感慨である。

本書の構想は、事あるごとに授業や講演の場を使ってしゃべらせてもらった。珍妙な話を忍耐づよく聴いてくれた受講生の方々にこの場を借りてお礼申し上げたい。また、休日を返上して毎回の講演に足を運んでくれて、私のぼんやりしたイメージを的確な感想で形にしてくれた新書編集部の古川義子さんには、とりわけ感謝の言葉を贈りたい。

二〇一八年六月朔日

清水克行

清水克行

1971年，東京生まれ．立教大学文学部卒業，早稲田大学大学院文学研究科博士後期課程単位取得退学．
現在—明治大学商学部教授
専攻—日本中世史
著書—『室町社会の騒擾と秩序[増補版]』(講談社学術文庫)
『喧嘩両成敗の誕生』(講談社選書メチエ)
『日本神判史——盟神探湯・湯起請・鉄火起請』(中公新書)
『足利尊氏と関東』(吉川弘文館)
『耳鼻削ぎの日本史』(文春学藝ライブラリー) ほか
共著—『現代(いま)を生きる日本史』(岩波現代文庫)
『戦国法の読み方——伊達稙宗と塵芥集の世界』(高志書院)
『世界の辺境とハードボイルド室町時代』『辺境の怪書，歴史の驚書，ハードボイルド読書合戦』(ともに集英社文庫)
『室町幕府将軍列伝』(戎光祥出版) ほか

戦国大名と分国法　　岩波新書(新赤版)1729

2018年7月20日　第1刷発行
2024年7月16日　第4刷発行

著　者　清水克行《しみずかつゆき》

発行者　坂本政謙

発行所　株式会社 岩波書店
〒101-8002 東京都千代田区一ツ橋 2-5-5
案内 03-5210-4000　営業部 03-5210-4111
https://www.iwanami.co.jp/

新書編集部 03-5210-4054
https://www.iwanami.co.jp/sin/

印刷・三秀舎　カバー・半七印刷　製本・中永製本

© Katsuyuki Shimizu 2018
ISBN 978-4-00-431729-6　　Printed in Japan

岩波新書新赤版一〇〇〇点に際して

ひとつの時代が終わったと言われて久しい。だが、その先にいかなる時代を展望するのか、私たちはその輪郭すら描きえていない。二〇世紀から持ち越した課題の多くは、未だ解決の緒を見つけることのできないままであり、二一世紀が新たに招きよせた問題も少なくない。グローバル資本主義の浸透、憎悪の連鎖、暴力の応酬――世界は混沌として深い不安の只中にある。

現代社会においては変化が常態となり、速さと新しさに絶対的な価値が与えられた。消費社会の深化と情報技術の革命は、種々の境界を無くし、人々の生活やコミュニケーションの様式を根底から変容させてきた。ライフスタイルは多様化し、一面では個人の生き方をそれぞれが選びとる時代が始まっている。同時に、新たな格差が生まれ、様々な次元での亀裂や分断が深まっている。社会や歴史に対する意識が揺らぎ、普遍的な理念に対する根本的な懐疑や、現実を変えることへの無力感がひそかに根を張りつつある。そして生きることに誰もが困難を覚える時代が到来している。

しかし、日常生活のそれぞれの場で、自由と民主主義を獲得し実践することを通じて、私たち自身がそうした閉塞を乗り超え、希望の時代の幕開けを告げてゆくことは不可能ではあるまい。そのために、いま求められていること――それは、個と個の間で開かれた対話を積み重ねながら、人間らしく生きることの条件について一人ひとりが粘り強く思考することではないか。その営みの糧となるものが、教養に外ならないと私たちは考える。歴史とは何か、よく生きるとはいかなることか、世界そして人間はどこへ向かうべきなのか――こうした根源的な問いとの格闘が、文化と知の厚みを作り出し、個人と社会を支える基盤としての教養となった。まさにそのような教養への道案内こそ、岩波新書が創刊以来、追求してきたことである。

岩波新書は、日中戦争下の一九三八年一一月に赤版として創刊された。創刊の辞は、道義の精神に則らない日本の行動を憂慮し、批判的精神と良心的行動の欠如を戒めつつ、現代人の現代的教養を刊行の目的とする、と謳っている。以後、青版、黄版、新赤版と装いを改めながら、合計二五〇〇点余りを世に問うてきた。そして、いままた新赤版が一〇〇〇点を迎えたのを機に、人間の理性と良心への信頼を再確認し、それに裏打ちされた文化を培っていく決意を込めて、新しい装丁のもとに再出発したいと思う。一冊一冊から吹き出す新風が一人でも多くの読者の許に届くこと、そして希望ある時代への想像力を豊かにかき立てることを切に願う。

（二〇〇六年四月）

岩波新書より

日本史

読み書きの日本史　八鍬友広
日本中世の民衆世界　三枝暁子
森と木と建築の日本史　海野　聡
幕末社会　須田　努
江戸の学びと思想家たち　辻本雅史
上杉鷹山　「富国安民」の政治　小関悠一郎
藤原定家『明月記』の世界　村井康彦
性からよむ江戸時代　沢山美果子
景観からよむ日本の歴史　金田章裕
律令国家と隋唐文明　大津　透
伊勢神宮と斎宮　西宮秀紀
百姓一揆　若尾政希
給食の歴史　藤原辰史
大化改新を考える　吉村武彦
江戸東京の明治維新　横山百合子
戦国大名と分国法　清水克行

東大寺のなりたち　森本公誠
武士の日本史　髙橋昌明
五日市憲法　新井勝紘
後醍醐天皇　兵藤裕己
茶と琉球人　武井弘一
近代日本一五〇年　山本義隆
語る歴史、聞く歴史　大門正克
義経伝説と為朝伝説　日本史の北と南　原田信男
出羽三山　山岳信仰の歴史を歩く　岩鼻通明
日本の歴史を旅する　五味文彦
一茶の相続争い　高橋　敏
鏡が語る古代史　岡村秀典
日本の近代とは何であったか　三谷太一郎
戦国と宗教　神田千里
古代出雲を歩く　平野芳英
自由民権運動　〈デモクラシー〉の夢と挫折　松沢裕作
風土記の世界　三浦佑之

京都の歴史を歩く　小林丈広・高木博志・三枝暁子
蘇我氏の古代　吉村武彦
昭和史のかたち◆　保阪正康
「昭和天皇実録」を読む　原　武史
生きて帰ってきた男　小熊英二
遺骨　戦没者三一〇万人の戦後史　栗原俊雄
在日朝鮮人　歴史と現在　水野直樹・文京洙
京都〈千年の都〉の歴史　高橋昌明
唐物の文化史◆　河添房江
小林一茶　時代を詠んだ俳諧師　青木美智男
信長の城　千田嘉博
出雲と大和　村井康彦
女帝の古代日本◆　吉村武彦
コロニアリズムと文化財　荒井信一
特高警察　荻野富士夫
古代国家はいつ成立したか　都出比呂志
渋沢栄一　社会企業家の先駆者　島田昌和

岩波新書より

漆の文化史	四柳嘉章
平家の群像 物語から史実へ	高橋昌明
シベリア抑留	栗原俊雄
アマテラスの誕生	溝口睦子
遣唐使	東野治之
戦艦大和 生還者たちの証言から	栗原俊雄
中世日本の予言書	小峯和明
歴史のなかの天皇◆	吉田孝
沖縄現代史〔新版〕	新崎盛暉
刀狩り◆	藤木久志
戦後史	中村政則
明治デモクラシー	坂野潤治
環境考古学への招待	松井章
源義経	五味文彦
明治維新と西洋文明	田中彰
奈良の寺	奈良文化財研究所編
西園寺公望	岩井忠熊
日本の軍隊	吉田裕
東西／南北考	赤坂憲雄
江戸の見世物	川添裕
日本文化の歴史	尾藤正英
熊野古道◆	小山靖憲
日本の神々	谷川健一
南京事件	笠原十九司
日本社会の歴史 上・中・下	網野善彦
神仏習合	義江彰夫
従軍慰安婦	吉見義明
考古学の散歩道	田中琢・佐原真
武家と天皇	今谷明
中世倭人伝	村井章介
琉球王国	高良倉吉
昭和天皇の終戦史	吉田裕
幻の声 NHK広島8月6日	白井久夫
西郷隆盛	猪飼隆明
平泉 よみがえる中世都市	斉藤利男
象徴天皇制への道	中村政則
正倉院	東野治之
軍国美談と教科書	中内敏夫
日中アヘン戦争	江口圭一
青鞜の時代	堀場清子
江戸名物評判記案内	中野三敏
国防婦人会	藤井忠俊
日本文化史〔第二版〕	家永三郎
平将門の乱	福田豊彦
自由民権	色川大吉
日本中世の民衆像◆	網野善彦
神々の明治維新	安丸良夫
戒厳令	大江志乃夫
漂海民	羽原又吉
真珠湾・リスボン・東京	森島守人
陰謀・暗殺・軍刀	森島守人
東京大空襲	早乙女勝元
兵役を拒否した日本人	稲垣真美
演歌の明治大正史	添田知道
天保の義民	松好貞夫
太平洋海戦史〔改訂版〕◆	高木惣吉

(2023.7)　◆は品切，電子書籍版あり．(N2)

岩波新書より

太平洋戦争陸戦概史◆ 林 三郎
近衛文麿 岡 義武
昭和史〔新版〕◆ 遠山茂樹・今井清一・藤原 彰
管野すが 絲屋寿雄
明治維新の舞台裏〔第二版〕 石井 孝
革命思想の先駆者 家永三郎
「おかげまいり」と「ええじゃないか」 藤谷俊雄
犯科帳 森永種夫
大岡越前守忠相 大石慎三郎
織田信長 鈴木良一
応仁の乱 鈴木良一
歌舞伎以前 林屋辰三郎
源 頼朝 永原慶二
京 都 林屋辰三郎
奈 良 直木孝次郎
日本国家の起源 井上光貞
日本神話◆ 上田正昭
沖縄のこころ 大田昌秀

ひとり暮しの戦後史 塩沢美代子・島田とみ子
山県有朋◆ 岡 義武
萬葉の時代 北山茂夫
日本の精神的風土 飯塚浩二
日本精神と平和国家 矢内原忠雄
日露陸戦新史 沼田多稼蔵
伝 説 柳田国男
日本資本主義史上の指導者たち 土屋喬雄
岩波新書の歴史 付・総目録1938-2006 鹿野政直

シリーズ 日本近世史
戦国乱世から太平の世へ 藤井讓治
村 百姓たちの近世 水本邦彦
天下泰平の時代 高埜利彦
都 市 江戸に生きる 吉田伸之
幕末から維新へ 藤田 覚

シリーズ 日本古代史
農耕社会の成立 石川日出志
ヤマト王権 吉村武彦
飛鳥の都 吉川真司
平城京の時代 坂上康俊
平安京遷都 川尻秋生
摂関政治 古瀬奈津子

シリーズ 日本近現代史
幕末・維新 井上勝生
民権と憲法 牧原憲夫
日清・日露戦争 原田敬一
大正デモクラシー 成田龍一
満州事変から日中戦争へ 加藤陽子
アジア・太平洋戦争 吉田 裕
占領と改革 雨宮昭一
高度成長 武田晴人
ポスト戦後社会 吉見俊哉
日本の近現代史をどう見るか 岩波新書編集部編

シリーズ 日本中世史
中世社会のはじまり 五味文彦

岩波新書より

鎌倉幕府と朝廷　近藤成一
室町幕府と地方の社会　榎原雅治
分裂から天下統一へ　村井章介

世界史

軍と兵士のローマ帝国　井上文則
西洋書物史への扉　髙宮利行
「音楽の都」ウィーンの誕生　ジェラルド・グローマー
マルクス・アウレリウス『自省録』のローマ帝国　南川高志
古代ギリシアの民主政　橋場弦
曾国藩「英雄」と中国史　岡本隆司
人種主義の歴史　平野千果子
スポーツからみる東アジア史　高嶋航
スペイン史10講　立石博高
ヒトラー　芝健介
ユーゴスラヴィア現代史〔新版〕　柴宜弘
東南アジア史10講　古田元夫
チャリティの帝国　金澤周作
太平天国　菊池秀明
ドイツ統一　アンドレアス・レダー　板橋拓己訳

人口の中国史　上田信
カエサル　小池和子
世界遺産　中村俊介
奴隷船の世界史　布留川正博
独ソ戦 絶滅戦争の惨禍　大木毅
イタリア史10講　北村暁夫
フランス現代史　小田中直樹
移民国家アメリカの歴史　貴堂嘉之
フィレンツェ　池上俊一
マーティン・ルーサー・キング　黒﨑真
ナポレオン　杉本淑彦
ガンディー 平和を紡ぐ人　竹中千春
イギリス現代史　長谷川貴彦
ロシア革命 破局の8か月　池田嘉郎
天下と天朝の中国史　檀上寛
孫文　深町英夫
古代東アジアの女帝　入江曜子
新・韓国現代史　文京洙

ガリレオ裁判　田中一郎
人間・始皇帝　鶴間和幸
袁世凱　岡本隆司
二〇世紀の歴史　木畑洋一
イギリス史10講　近藤和彦
植民地朝鮮と日本　趙景達
シルクロードの古代都市　加藤九祚
中華人民共和国史〔新版〕　天児慧
物語 朝鮮王朝の滅亡◆　金重明
新・ローマ帝国衰亡史　南川高志
近代朝鮮と日本　趙景達
マヤ文明　青山和夫
北朝鮮現代史　和田春樹
四字熟語の中国史◆　冨谷至
李鴻章　岡本隆司
新しい世界史へ　羽田正
パル判事　中里成章
グランドツアー 18世紀イタリアへの旅　岡田温司
パリ 都市統治の近代　喜安朗

岩波新書より

- ノモンハン戦争 モンゴルと満洲国 — 田中克彦
- 中国という世界 — 竹内実
- ウィーン 都市の近代 — 田口晃
- 紫禁城 — 入江曜子
- ジャガイモのきた道 — 山本紀夫
- 創氏改名 — 水野直樹
- フランス史10講 — 柴田三千雄
- 地中海 — 樺山紘一
- 多神教と一神教 — 本村凌二
- 奇人と異才の中国史 — 井波律子
- ドイツ史10講 — 坂井榮八郎
- ナチ・ドイツと言語 — 宮田光雄
- ニューヨーク◆ — 亀井俊介
- 離散するユダヤ人 — 小岸昭
- 現代史を学ぶ — 溪内謙
- アメリカ黒人の歴史〔新版〕 — 本田創造
- 文化大革命と現代中国 — 安藤正士・太田勝洪・辻康吾
- フットボールの社会史 — F・P・マグーン Jr／忍足欣四郎訳

- コンスタンティノープル千年 — 渡辺金一
- ペスト大流行 — 村上陽一郎
- ピープス氏の秘められた日記 — 臼田昭
- 中世ローマ帝国 — 渡辺金一
- モロッコ — 山田吉彦
- シベリアに憑かれた人々 — 加藤九祚
- インカ帝国◆ — 泉靖一
- 中国の隠者 — 富士正晴
- 漢の武帝◆ — 吉川幸次郎
- 孔子 — 貝塚茂樹
- 中国の歴史 上・中・下◆ — 貝塚茂樹
- インドとイギリス — 吉岡昭彦
- アリストテレスとアメリカ・インディアン — L・ハンケ／佐々木昭夫訳
- フランス革命小史◆ — 河野健二
- 魔女狩り — 森島恒雄
- 風土と歴史 — 飯沼二郎
- ヨーロッパとは何か — 増田四郎
- 世界史概観 上・下 — H・G・ウェルズ／長谷部文雄・阿部知二訳

- 歴史の進歩とはなにか◆ — 市井三郎
- 歴史とは何か — E・H・カー／清水幾太郎訳
- フランス ルネサンス断章 — 渡辺一夫
- チベット — 多田等観
- 奉天三十年 上・下 — クリスティー／矢内原忠雄訳
- ドイツ戦歿学生の手紙 — ヴィットコップ編／高橋健二訳
- アラビアのロレンス 改訂版◆ — 中野好夫

シリーズ 中国の歴史

- 中華の成立 唐代まで — 渡辺信一郎
- 江南の発展 南宋まで — 丸橋充拓
- 草原の制覇 大モンゴルまで — 古松崇志
- 陸海の交錯 明朝の興亡 — 檀上寛
- 「中国」の形成 現代への展望 — 岡本隆司

シリーズ 中国近現代史

- 清朝と近代世界 19世紀 — 吉澤誠一郎

岩波新書より

近代国家への模索 1894-1925　川島　真
革命とナショナリズム 1925-1945　石川禎浩
社会主義への挑戦 1945-1971　久保　亨
開発主義の時代へ 1972-2014　高原明生・前田宏子
中国の近現代史をどう見るか　西村成雄

シリーズ アメリカ合衆国史

植民地から建国へ 19世紀初頭まで　和田光弘
南北戦争の時代 19世紀　貴堂嘉之
20世紀アメリカの夢 世紀転換期から一九七〇年代　中野耕太郎
グローバル時代のアメリカ 冷戦時代から21世紀　古矢　旬

シリーズ 歴史総合を学ぶ

世界史の考え方　小川幸司・成田龍一 編
歴史像を伝える　成田龍一
世界史とは何か　小川幸司

岩波新書/最新刊から

2010 〈一人前〉と戦後社会 ―対等を求めて― 禹宗杬・沼尻晃伸 著

弱い者が〈一人前〉として、他者と対等にふるまうことで社会を動かしてきた。私たちの原動力を取り戻す方法を歴史のなかに探る。

2011 魔女狩りのヨーロッパ史 池上俊一 著

ヨーロッパ文明が光を放ち始めた一五〜一八世紀、魔女狩りという闇が口を開いたのはなぜか。進展著しい研究をふまえ本質に迫る。

2012 ピアノトリオ ―モダンジャズへの入り口― マイク・モラスキー 著

日本のジャズ界でも人気のピアノトリオ。エヴァンスなどの名盤を取り上げながら、その歴史を紐解き、具体的な魅力、聴き方を語る。

2013 スタートアップとは何か ―経済活性化への処方箋― 加藤雅俊 著

経済活性化への期待を担うスタートアップ。アカデミックな知見に基づきその実態を見定め、「挑戦者」への適切な支援を考える。

2014 罪を犯した人々を支える ―刑事司法と福祉のはざまで― 藤原正範 著

「凶悪な犯罪者」からはほど遠い、社会復帰のために支援を必要とするリアルな姿。司法と福祉の溝を社会はどう乗り越えるのか。

2015 日本語と漢字 ―正書法がないことばの歴史― 今野真二 著

漢字は単なる文字であることを超えて、日本語に影響を与えつづけてきた。さまざまなかたちから探る、「変わらないもの」の歴史。

2016 頼山陽 ―詩魂と史眼― 揖斐高 著

詩人の魂と歴史家の眼を兼ね備えた稀有な文人の生涯を、江戸後期の文事と時代状況のなかに活写することで、全体像に迫る評伝。

2017 ひらがなの世界 ―文字が生む美意識― 石川九楊 著

ひらがな＝女手という大河を遡ってその源流を探り、「つながる文字」の本質に迫る。貫之の名品から顔文字、そしてアニメまで。

(2024. 6)